英語 高速メソッド®

日常英会話スピードマスター

英語高速メソッドアカデミー校長
笠原 禎一 MBA / MA in ELT

無料音声
ダウンロード付
Free!

新星出版社

はじめに

「最初、わからなかった英語が、最後の第５ステップを聴いたときに、まるで**魔法のように、ゆっくりと聴き取れた**ときの快感が今も忘れられません」

これは、私の本の読者からいただいた感想です。第１ステップを聴いてから最後の第５ステップを聴くまで、長くてもたったの２～３分。この間に「最初は聴き取れなかった英語が、はっきり、ゆっくりと聴き取れた」という経験をされている方がたくさんいらっしゃいます。

通常の方法で英語を学習した場合、このような経験をするには、多くの年月と労力を要します。また、通常の方法で英語を学習している場合、英語力が徐々に伸びているために、このような違いを実感することすら、少ないと言われています。

しかし、「**笠原メソッド**」では、皆さんの**リスニング力、スピーキング力がどのように高められていくのかを、初めのたった２～３分間の学習で実感することができます**。すなわち、はじめに、自分自身が到達できるレベルを実感してから、学習を始めることができるのです。さあ、自信と安心感を持って、本書で英会話の学習を始めましょう！

本書は、全編を通して、日常生活に使われる実用的な英会話に絞ったストーリーで構成されています。場面設定は日本です。そのため皆さんは、「こんなとき、英語ではどう言うのだろう？」と日頃の生活を通して、英語を学んでいくことができます。**日本にいながら、あたかも英語圏で生活しているかのように、日本での日常生活を通して、海外生活を疑似体験できます**。すなわち、本書は、**日本での毎日の生活を英語漬けにする**ことができるのです。これは、本書の大きなメリットでしょう。

音声ファイルと本書を通して、収録されているボキャブラリーは、起床、朝の身支度から、オフィス、帰宅、電話、レストラン、買い物、郵便局、美容院、家計、掃除、洗濯、料理、食事、健康管理、病院、パーティー、おしゃれ、服装、レジャー、趣味、道案内、天気、ビジネスまで、すべて私達の日常生活によくある大切なテーマに基づいてリストアップされた英会話の最重要ボキャブラリーで、TOEIC®TEST でも必修のものです。

これらの英会話に必ず使われる**必須の 700 語以上の英単語・熟語、慣用表現のすべてを、2 週間という短期間で、皆さんの脳に効率よくインプットしていきます。**

これらすべてを、**高速にあなたの脳にインプット**する「笠原メソッド」は、**英語を英語の語順で理解し、話せる能力を身につける**ための〈**笠原訳**〉と、最新のテクノロジーが可能にした「**200%から 220%の高速リスニング技術**」を駆使して、作り上げられています。それによって、皆さんの脳と耳を「**ネイティヴスピーカーの脳と耳**」に作り上げていきます。

この「笠原メソッド」は、私自身の長年の英語教育の経験や海外での学習経験を元に考案したもので、**日本で特許取得**（第 4831792 号）、**韓国で特許取得**（第 10-1180287 号）、**オーストラリアで特許取得**（Pat.#2003200507）されています。また、「高速メソッド®」（第 5132913 号）は、**日本の特許庁より商標登録を取得しています。**

このような特別なメソッドによって書かれた本書によって、皆さんが、英語力を飛躍的に高め、目標を達成していく一助になれれば、私にとって、このうえない喜びです。

英語高速メソッド® アカデミー 校長　笠原 禎一　MBA & MA in ELT

音声には、本書の1日目～14日目までのすべての5ステップ・リスニングと、すべての4ステップ・スピーキングの音声データが収録されております。音声データは、全部で295ファイル、約420分（約7時間）あります。何度も聴き直すことで、ほぼすべての日常英会話が身につきます。ライフスタイルに合わせ、ダウンロード、ストリーミングのどちらでもご利用ください。

【音声ダウンロードの方法について】

① PC・スマートフォンで A、B いずれかの方法でアクセスします。

A QRコード読み取りアプリを起動し、QRコードを読み取ってください。

B QRコードが読み取れない方はブラウザから「https://audiobook.jp/exchange/shinsei」にアクセスしてください。

※これ以外のURLからアクセスされますと、無料のダウンロードサービスをご利用いただくことができませんのでご注意ください。

※URLは「www」等の文字を含めず、正確にご入力ください。

②表示されたページから、audiobook.jpへの会員登録ページに進みます。

※音声のダウンロードには、audiobook.jpへの会員登録（無料）が必要です。

※既にアカウントをお持ちの方はログインしてください。

③会員登録後①のページに再度アクセスし、シリアルコードの入力欄に「25210」を入力して「送信」をクリックします。

④「ライブラリに追加」のボタンをクリックします。

⑤スマートフォンの場合はアプリ「audiobook.jp」をインストールしてご利用ください。PCの場合は、「ライブラリ」から音声ファイルをダウンロードしてご利用ください。

＜ご注意＞

- ダウンロードには、audiobook.jpへの会員登録（無料）が必要です。
- PCからでも、iPhoneやAndroidのスマートフォンからでも音声を再生いただけます。
- 音声は何度でもダウンロード・再生いただくことができます。
- 書籍に表示されているURL以外からアクセスされますと、音声をご利用いただけません。URLの入力間違いにご注意ください。
- ダウンロードについてのお問い合わせ先：info@febe.jp（受付時間：平日10時～20時）

ダウンロードができない、音声が聞こえないなど、困ったときは、
info@febe.jp にお問い合わせください
（受付時間：平日 10 時 ~ 20 時）

【ストリーミング再生の方法について】

① PC・スマートフォンで A、B いずれかの方法でアクセスします。

A QR コードを読み取り「英語高速メソッド®」の公式サイトにアクセスします。

B QR コードが読み取れない方はブラウザから「https://bart-jp.com」にアクセスいただくか、「英語高速メソッド　公式」で検索してください。

②「読者・視聴者特典・無料ダウンロード」にある本書の表紙アイコンをクリックして会員登録します。

③あとはガイダンスの通りに進み、下記 ID と PASSWORD を入力します。

ID：SHINSEI
PASSWORD：KASAHARA

※ PC からのメールを受け取れない状態（着信拒否設定）にしているスマートフォンの場合、着信拒否設定を解除してから、ご登録ください。

ストリーミングページが表示できない、ストリーミングができないなどの場合は、info@bart-jp.com にお問い合わせください

目次

第1日目

起床、オフィス、帰宅後

第3日目

郵便局、美容院、家計

第4日目

掃除、洗濯

第5日目

料理、食事の時間

第6日目

健康①（健康管理、定期健診）

第7日目

健康②(医者へ行く)

第8日目

パーティー、付き合い

第9日目
おしゃれ、服装

第10日目

余暇、趣味

第11日目

街・道案内

第12日目

天気①(冬・春・梅雨)

第13日目

天気②（夏・秋）

第14日目

職探し、業務、契約

4ステップ・スピーキング Speaking Lesson 294

COLUMN

◆書籍制作
デザイン・DTP：田中由美
編集協力：㈲クラップス

◆音声データ制作
音声ディレクション＆キャスティング：笠原禎一
ナレーター：Aaron Franco、Lori Davis、Marie-Louise Ostler、Will Geluk、Trento Truitt、外所優子
作成協力：松岡秀典、㈱バート、㈲クラップス
レコーディングスタジオ：㈱渋谷マトリクススタジオ

theory

セオリー

笠原メソッドで、
自由自在に英語を操る！

笠原メソッドとは

「笠原メソッド」は、英語を英語の語順のまま理解し、話せる能力を身につけるための〈笠原訳〉と、最新のテクノロジーを駆使した高速リスニングで、皆さんの脳と耳を「ネイティヴスピーカーの脳と耳」に作り上げていきます。

笠原メソッドを より効率よく実践するために！

○〈笠原訳〉とは

英語のセグメントごとに日本語訳を挿入していく、まったく新しい方法が〈笠原訳〉です。

この〈笠原訳〉によって、英語を日本語の語順に置き換えることなく、英語の語順のまま、英語を聴き、話す力を自然に身につけていくことができます。

それでは、英語のセグメントごとに訳を挿入していく〈笠原訳〉が、実際どのような原理で成り立っているのかをわかりやすく説明していきましょう。

たとえば、 **私は昨日、表参道で、このワンピースを買いました** という日本語にまず注目してください。

この文の語順を次のように入れ替えてみると、

① 私は ｜ 昨日 ｜ 表参道で ｜ このワンピースを ｜ 買いました｜
② このワンピースを ｜ 私は ｜ 昨日 ｜ 表参道で ｜ 買いました｜
③ 私は ｜ 買いました ｜ 昨日 ｜ 表参道で ｜ このワンピースを｜
④ 昨日 ｜ 表参道で ｜ 私は ｜ このワンピースを ｜ 買いました｜
⑤ 表参道で ｜ 昨日 ｜ 私は ｜ このワンピースを ｜ 買いました｜
⑥ このワンピースを ｜ 買いました ｜ 私は ｜ 昨日 ｜ 表参道で｜
⑦ 買いました ｜ このワンピースを ｜ 私は ｜ 昨日 ｜ 表参道で｜
⋮

どうでしょうか？　日本人である私達は、このようにいろいろと語順を入れ替えても 100 パーセント意味がわかります。そのままの語順で、元の語順に戻らなくても理解することができるのです。

では、英語の場合はどうでしょうか？

上記の日本文を英語にすると "I bought this summer dress in Omote-Sando yesterday." ですが、よりわかりやすくするために、もっと簡単な James loves Lucy. という文を例にして、考えてみましょう。

英　語	日本語の意味
① James loves Lucy …………	「ジェームスは、ルーシーを愛している」
② Lucy loves James …………	「ルーシーは、ジェームスを愛している」 （まるで逆の意味！）
③ loves James Lucy …………	文になっていません。
④ loves Lucy James …………	文になっていません。

この例に見るように、「英語では、語順を入れ替えると、意味を成さなくなるか、意味が違ってしまうことがほとんど」なんです。

ということは、

①日本語は、語順を変えても、そのままの語順でわかる。

②英語は、語順を変えると意味不明になる。

なぜ、このようなことが起こるのでしょうか？

それは、日本語には「て・に・を・は」に代表される助詞があるので、語順が変わっても、「これは主語だな！」「これは目的語だな！」と私達は瞬時に判断して、意味を理解していくことができるからなんです。

逆に、英語には助詞がありません。英語において「これは主語だな！」「これは目的語だな！」と私達が判断するのは、その単語がどこにあるかということからなんです。

先ほどの例でも、"James" が文頭に来ていたときは［主語］、すなわち「ジェームス**は**」でしたし、"James" が動詞である "loves" の後に来たときには［目的語］、すなわち「ジェームス**を**」という意味になりました。このように英語では、同じ単語で、何の変化がなくても、場所が違うだけで、文の中での役割が変わってしまうのです。

このような日本語と英語の特徴を考えると、英語を理解するのに、日本語の語順に置き換えて理解する必要がまったくない、ということがわかると思います。すなわち、「英語に〈笠原訳〉を挿入することによって、英語の語順のまま、英語を理解することができる」ということです。

このような〈笠原訳〉を用いた「笠原メソッド」で学習すると、日本語の語順に置き換えることなく、英語の語順のまま、英語を聴き取る力、話す力が自然と身についてくるのです。

また、英語の語順で、戻ることなく理解できるので、「笠原メソッド」の2倍速の高速再生でも、無理なく理解することが可能になるのです。逆に言えば、

〈笠原訳〉があるから、「高速再生」された英語が、簡単に理解できるのです。
こちらについては、ぜひ、本書の音声ファイルで、実際に体験してください！

○カティング・エッジ・テクノロジー&高速リスニングで！

カティング・エッジ・テクノロジー（cutting edge technology）とは、「最新の技術」を意味します。

通常、高速で再生すると音声のピッチが上がってしまい、音声が「キュルキュル」となって、聴き取りにくくなってしまいます。これをアメリカ人たちは、chipmunk（シマリス）の声のようだと表現します。これを防いで、高速リスニングのよいところだけを引き出そうというのが、「笠原メソッド」で採用されている最新の高速再生技術です。この技術は、トーンはそのまま、スピードだけ200%の速さという最新の高速再生技術であります。

前述の〈笠原訳〉と、この最新の高速再生技術で、ノーマルスピードでも聴き取りが難しかった英語が、200 ～ 220%の速さでも、英語の語順のまま聴き取れるようになります。

ところで、ここで言うカティング・エッジ・テクノロジーの効用は、これだけではありません。

英語に限らず、速く聴くことには、脳科学的に言って、「意味のある文章に高速で、脳についていかせることにより、脳の働きが活性化される」という効果があります。

私たちの脳は、潜在意識（右脳）と顕在意識（左脳：表層の意識）とに分かれています。そして、意思決定は顕在意識、大量の記憶や無意識の部分を司っているのは潜在意識と、役割分担されています。この両脳を結び付け、言語を司っているのが、私たちの脳の前頭葉にあるBroka's Areaです。

脳外科医による研究では、この部分を損傷すると、人間は、失語症になり、うまく話せなくなります。ですが、ここを高速音声で刺激すると、大量の情報を、右脳を使って記憶できるようになるだけでなく、右脳の記憶を左脳に持って来て容易に思い出すことができるようになります。これを簡単に実践しているのが、英語高速メソッドの５ステップ・リスニングと４ステップ・スピーキングです。

すなわちさほど努力をしなくとも、大量の情報を記憶し、思い出すことが可能になるのです。さらに、こうして覚えた記憶は、長期記憶として、長期にわたって記憶される記憶となります。

ここで大切になるのが、「意味のある文章」です。「意味のある文章」でなければ、記憶したことに、「検索タグ」がないようなもの。せっかく記憶したことも関連付けることがなければうまく思い出せません。みなさんもSNSに「ハッシュタグ」をつけて、他の人に検索してもらえるようにすることがありますよね。「ハッシュタグ」がなければ、その投稿には、だれも気がつかないかもしれません。だから意味のある記憶にしておかなければならないのです。

通常、英語は、ノーマルスピードでも速すぎて「意味のない文章」になってしまうという方も多いでしょう。しかし、〈笠原訳〉のついた2倍速の文章だったら大丈夫。これは、充分に理解できますので、2倍速でも「意味のある文章」になるのです。だから、よく思い出せる記憶になるのです。

「笠原メソッド」の５ステップ・リスニングでは、〈笠原訳〉の入ったノーマルのスピードのステップがあります。1倍速、2倍速と順を追って学ぶため、どなたでも無理なく、ノーマルスピードでも理解できなかった英語が、高速でも、簡単に理解できるようになります。

「笠原メソッド」の４ステップ・スピーキングでは、高速で〈笠原訳〉を聴いた後、「英語を即座に話す。または、思い浮かべる」というステップがあります。この「英語を即座に話す。または、思い浮かべる」を実践することによって、効率よく記憶していくことができるようになるわけです。

これによって、皆さんの脳は、今までの聴き取る受動学習から、口から発信する能動学習に高速でシフトします。つまり脳は、まったく逆の側面から、高速学習をさせられるわけです。この４ステップ・スピーキングを経ることによって、脳は、受動と能動の両面から活性化されるわけです。

そして、この４ステップ・スピーキングは、話す前に考えすぎてしまって、なかなか英語が口から出てこない日本人にはうってつけの英語学習法なのです。

このように、活性化された脳は、「笠原メソッド」の音声データに収録されているボキャブラリー、英文法を高速に覚えることができるだけでなく、英語の語順も自然にインプットしてしまいます。

このメソッドは、私自身の長年の英語教育の経験や海外での学習経験をもとに考案したもので、私の著書を通して、大好評をいただいております。「笠原メソッド」は、日本（第 4831792 号）、韓国（第 10-1180287 号）、オーストラリア（Pat.#2003200507）で、特許として認定されています。また、「高速メソッド®」（第 5132913 号）は、日本の特許庁より商標登録を取得しています。

それでは次に、この「笠原メソッド」の具体的な学習方法、「5 ステップ・リスニング」と「4 ステップ・スピーキング」とは、どのようなものなのか見ていきましょう。

〈笠原訳〉
（英語の語順のまま理解する）

高速リスニング
（カティング･エッジ･テクノロジー）

ネイティヴの脳&耳になる

笠原メソッド3つの柱

〈笠原訳〉+「5ステップ・リスニング」+「4ステップ・スピーキング」で、英会話力を徹底強化!

使える英会話力を身につけるためには、「笠原メソッド」の「5ステップ・リスニング」で、ボキャブラリー、英語の語順などを高速にインプットし、その英語力を「4ステップ・スピーキング」で流暢な英語スピーキングに開花させていくことが大変重要です。

それでは、まず簡単に「笠原メソッド」の概略を説明しましょう。

このメソッドは、3つの大きな柱から成り立っています。

①笠原訳

まず、1つ目は〈笠原訳〉です。これは前述した、**英語を英語の語順のまま理解し話せるようになるための解釈法**であり、このメソッドの基本です。〈笠原訳〉は従来の英語を1文ごとに訳していくやり方とは根本的に異なり、英語をセグメントごとに区切って、日本語訳を挿入していく以下のような新しい訳し方で、英語を英語の語順のままで理解することを可能にしています。

I'll wear 私は着るつもりです the green sweater その緑色のセーターを you gave あなたがくれた me 私に for my birthday. 私の誕生日に ／

※〈笠原訳〉では、わかりやすくするため、1文の終了時に／で区切ります。

この〈笠原訳〉という、英語を英語の語順で理解するための日本語訳は、英語を前に戻らないで解釈する、つまり、日本語の順番に並び替えないで理解するために必要不可欠な日本語訳です。

② 5 ステップ・リスニング

2 つめの柱は、「5 段階の高速リスニング」＝「5 ステップ・リスニング」です。

このリスニング法では、「英文」と「〈笠原訳〉を挿入したもの」を、「通常のスピード」と「通常の約 2 倍の高速スピード」を組み合わせた 5 段階のリスニングをします。

「高速リスニング」を含めた 5 段階のリスニング・システムを実践することによって、「理論的にわかっている」というレベルをはるかに超える「英語の瞬発力」が身についていきます。つまり、英語を「日本語を介さずに自由自在に読み・書き・聴き・話す」ための実践力がついていくのです。

それとともに、高速リスニングを実践することによって研ぎ澄まされた学習者の集中力が、そのときのボキャブラリー、英語の語順を効率よく身につけることを可能にします。「5 ステップ・リスニング」は、これらすべてを音声ファイルを聴くだけで身につけることができる画期的な英語学習法なのです。

5ステップ・リスニング

1st Step ▶ 「英文のみ」をノーマルスピードで聴く

2nd Step ▶ 「英文+〈笠原訳〉」をノーマルスピードで聴く

3rd Step ▶ 「英文+〈笠原訳〉」を高速スピードで聴く

4th Step ▶ 「英文のみ」を高速スピードで聴く

5th Step ▶ 「英文のみ」をノーマルスピードで聴く

③ 4ステップ・スピーキング

3つ目の柱は、「4段階高速スピーキング」＝「4ステップ・スピーキング」です。「4ステップ・スピーキング」は、「5ステップ・リスニング」で身につけた英語力をスピーキング力向上に活かしていくメソッドです。

「4ステップ・スピーキング」によって、頭の中にある言いたいことを英語にするときに、「何を文頭に持って来るべきか？　どのようにつなげていったらよいか？」といったことに脳が瞬時に反応できるようになります。すなわち、「4ステップ・スピーキング」を実践することによって、みなさんの頭の中に、英語を発話するための回路を構築することになるわけです。これを「笠原メソッド」では、「スピーキング回路」と呼んでいます。この「スピーキング回路」は、「5ステップ・リスニング」で身につけた英語力をスピーキング力に開花させます。

この「4ステップ・スピーキング」は、ただ音声ファイルを聴くだけで、学習者の脳の中に英語の「スピーキング回路」を構築し、自由自在に英語を発話していく能力を身につけていくことを可能とするメソッドです。

4ステップ・スピーキング

1st Step	日本文をノーマルスピードで聴き、その直後に英文を聴く
2nd Step	「〈笠原訳〉＋英文」をノーマルスピードで聴く
3rd Step	「〈笠原訳〉＋英文」を高速スピードで聴く
4th Step	日本文をノーマルスピードで聴き、その直後に英文を聴く

この「笠原メソッド」の英語上達のステップを段階別にわかりやすくチャートで表すと、次ページのようになります。

笠原メソッドの英語上達チャート

① 英語を日本語に訳して考えてしまう

↓

② 英語を英語の語順で考える

↓ 英語を日本語の語順に置き換えなくても無理なく理解できる〈笠原訳〉という日本語訳を使う

③ 瞬時に英語に反応できる瞬発力を養うと同時に英語の構文力とボキャブラリーを効率よく身につける

↓ 「5段階高速リスニング（5ステップ･リスニング）」の実践で、身につける

④「スピーキング回路」を構築する

↓ 「4段階高速スピーキング（4ステップ・スピーキング）」で、頭の中に「スピーキング回路」を構築する

⑤ 英語力がスピーキングでも発揮される

「スピーキング回路」ができあがってくると「5段階高速リスニング（5ステップ・リスニング）」で身につけた英語力がスピーキングでもどんどん発揮されるようになる

ここまでで、大まかな「笠原メソッドの概略」は、つかんでいただけたのではないかと思います。

本書は、まず「習うより慣れろ！」を実践できるように、「笠原メソッド」の理論を細かいことまで理解していなくても、音声ファイルを聴けば、充分な学習効果が得られるように構成されています。

実践（プラクティカル・トレーニング）編の学習の進め方

それでは、本書と音声ファイルで学習していくときのポイントをまとめておきましょう。

本書は以下の構成でできています。

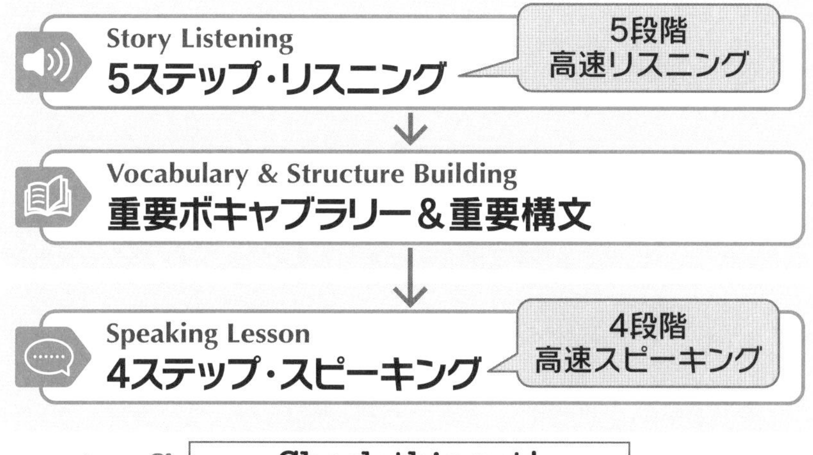

プラスα　Check this out!

5ステップ・リスニング　Story Listening

本書には、日常英会話に大切な内容が、ストーリーの中にぎっしりと詰まっています。音声ファイルには、このストーリーのすべてが収録されています。〈笠原訳〉もしっかり入っていますので、今すぐ音声ファイルを聴いて、「5ステップ・リスニング」を実践することができます。

「5 ステップ・リスニング」実践のコツ

①まず、音声ファイルを聴いて、「5 ステップ・リスニング」を実践します。聴いているだけで、皆さんの脳は活性化されます。また、英語の語順や重要事項が、高速で脳にインプットされていきます。初めは、リスニングに集中し、本を見ないで実践することがポイントです！

②次に、「5 ステップ・リスニング」を実践中、2nd ステップと 3rd ステップの〈笠原訳〉の部分を利用して、区切りごとに英語のセグメントをリピートしていきましょう。これによって、より一層、英語の記憶が定着しやすくなります。

③本書のストーリーを読んでください。可能なら、英語の部分だけを音読してみましょう。

④リスニングで身につけた英語を、さらに理解するため Unit（第 1 日目〜第 14 日目）ごとに、「Vocabulary & Structure Building（重要ボキャブラリー＆重要構文）」を読んで、確認してください。

⑤再度、音声ファイルを聴いて、「5 ステップ・リスニング」を実践します。区切りごとに英語のセグメントをリピートしていきましょう。

⑥ Unit（第 1 日目〜第 14 日目）ごとに、「Vocabulary & Structure Building」のチェックボックスで、どの程度覚えているのかを確認しましょう。

初めのうちはできるまで、根気強く繰り返しましょう。次第に、英語の語順に慣れてきますし、皆さんの脳も活性化されてきますので、どんどん身につけていくことができるでしょう。

※音声ファイルの入手先は４ページ参照

Story Listening の使い方

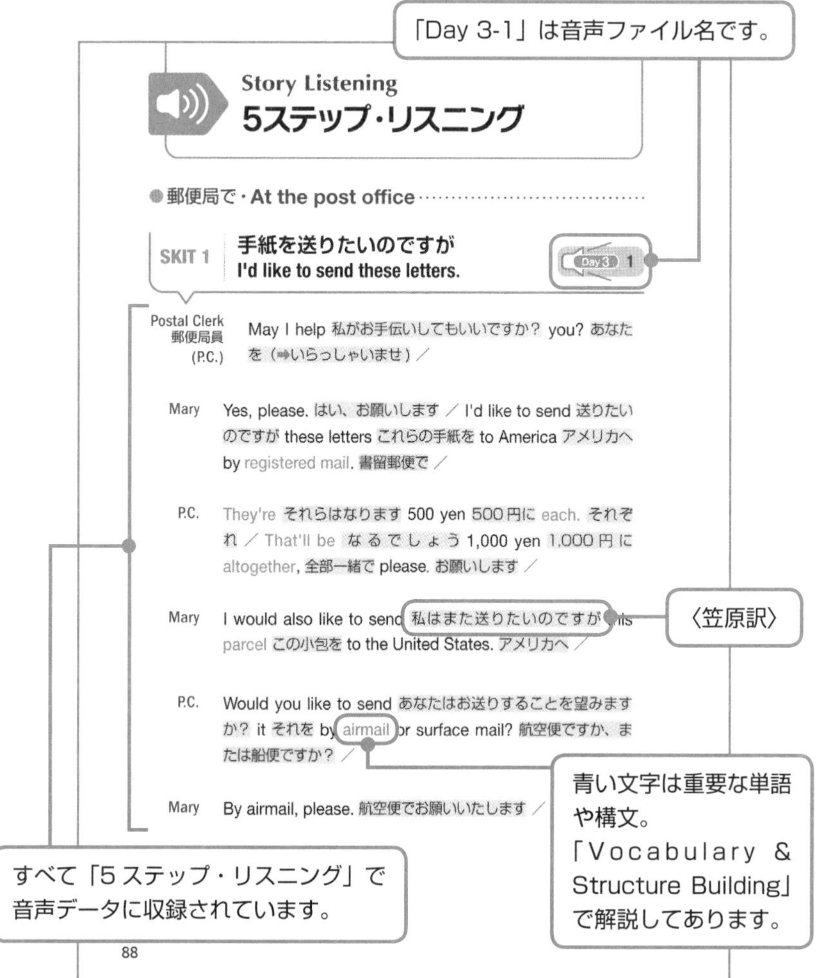

「Day 3-1」は音声ファイル名です。
Story Listening
5ステップ・リスニング
郵便局で・At the post office
SKIT 1
手紙を送りたいのですが
I'd like to send these letters.
Day 3 1
Postal Clerk 郵便局員 (P.C.)
May I help 私がお手伝いしてもいいですか？ you? あなたを（⇒いらっしゃいませ）／
Mary
Yes, please. はい、お願いします ／ I'd like to send 送りたいのですが these letters これらの手紙を to America アメリカへ by registered mail. 書留郵便で ／
P.C.
They're それらはなります 500 yen 500円に each. それぞれ ／ That'll be なるでしょう 1,000 yen 1,000円に altogether, 全部一緒で please. お願いします ／
Mary
I would also like to send 私はまた送りたいのですが this parcel この小包を to the United States. アメリカへ ／
〈笠原訳〉
P.C.
Would you like to send あなたはお送りすることを望みますか？ it それを by airmail or surface mail? 航空便ですか、または船便ですか？ ／
Mary
By airmail, please. 航空便でお願いいたします ／
青い文字は重要な単語や構文。「Vocabulary & Structure Building」で解説してあります。
すべて「5ステップ・リスニング」で音声データに収録されています。
88

Vocabulary & Structure Buildingの使い方

「Story Listening」で、青い文字で強調された単語、もしくは構文などです。

Vocabulary & Structure Building
重要ボキャブラリー&重要構文

●郵便局で・At the post office

SKIT 1

A **registered mail** 書留郵便（書留郵便で：by registered mail）

B **They're ～. ／ That'll be ～.** ～（金額）になります

「～(金額)になります」は、このほかに"That's ～." "They'll be ～."もよく使われます。

C **each** それぞれ

D **altogether** 全部一緒で

E **parcel** 小包

「小包」を言うときの"parcel"はAmerican English (米語)、BritishEnglish (英語) の両方で使われますが、米語の場合"package"や"packet"とも言います。

F **airmail** 航空便

「航空便」は"airmail"で、そのほかの列車便や船便は地球の表面を通っていくmailということで、"surface (表面) mail"と言います。なお、「速達」は"express delivery" "special delivery" "express mail"などと言います。

G **fill out** 記入する

「フォームに記入する」は"fill in the form"、または"fill out the form"と言います。よく使う表現なので覚えておきましょう。

H **declaration form** 申請書

「申請する」は、"declare"です。空港の税関 (customs) で、「申請するものはありますか？」というのは、"Do you have anything to declare?"と言います。

I **Here you are.** はい、どうぞ

「はい、どうぞ」は、"Here you are."のほかに、"There you go."や"Here you go."があります。

92

単語、もしくは構文を理解するための解説です。似たような言い回しについても触れています。

4ステップ・スピーキング Speaking Lesson

「5 ステップ・リスニング」で、インプットした実用英会話の重要知識、英語の構文力を、みずからの力で発信できるようにするのが「4 ステップ・スピーキング」です。

「4 ステップ・スピーキング」実践のコツ

①まず、音声ファイルを聴いて、「4 ステップ・スピーキング」を実践します。聴いているだけで、皆さんの脳は活性化されますので、初めは音声ファイルに集中し、本を見ないで実践することがポイントです！　初めは発話しなくても OK です。皆さんの英語脳にスピーキング回路を構築し、英会話力を飛躍的に高めていきましょう！

②次に、「4 ステップ・スピーキング」を実践中、2nd ステップと 3rd ステップの〈笠原訳〉を聴いたら、セグメントごとに英語を発話してみましょう。この段階では、センテンス全体のことではなく、ただ、セグメントごとに英語にすることだけを考えましょう。

このとき、難しいようであれば、本書を見ながら行ってください。本書は、左ページに日本語訳と笠原訳が、右ページにその解答を示すような構成になっています。

③今度は、1st ステップと 4th ステップも日本語を聴いたら、英語にしてみてください。このとき、「セグメントごとに言っていったら、センテンスになった」という形が、ベスト！　区切りごとに言っていきましょう！

Speaking Lesson の使い方

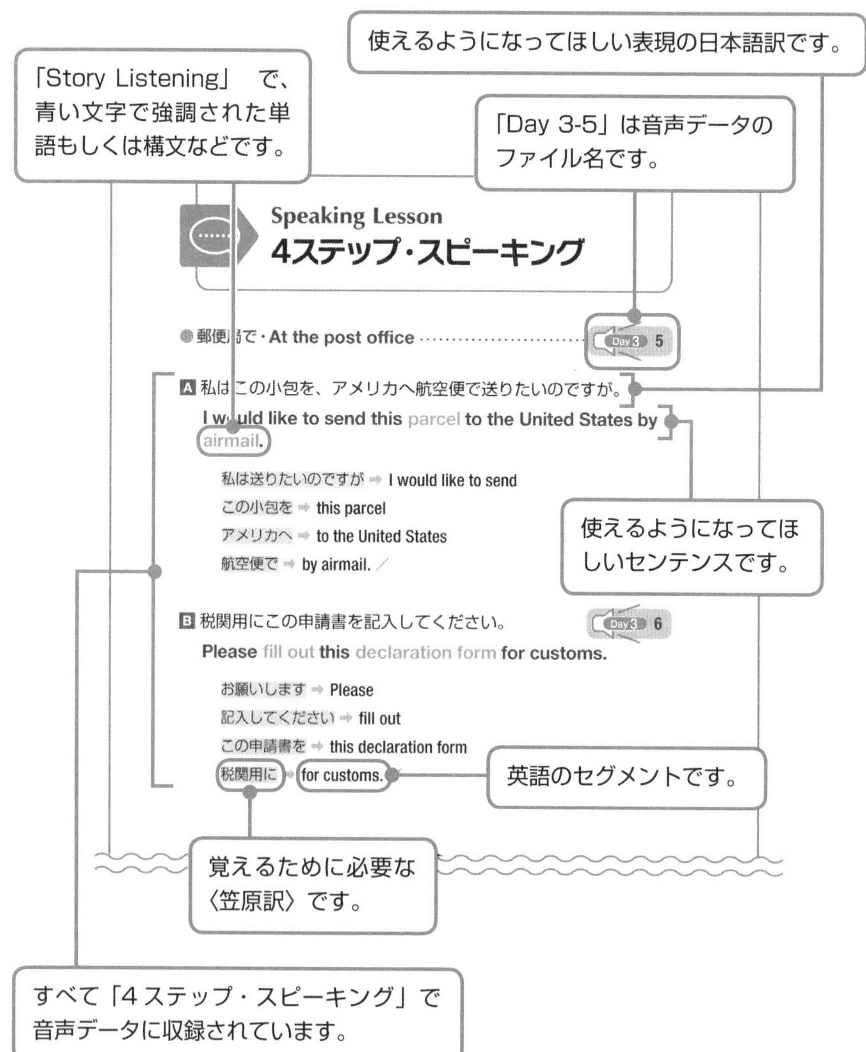

使えるようになってほしい表現の日本語訳です。
「Story Listening」で、青い文字で強調された単語もしくは構文などです。
「Day 3-5」は音声データのファイル名です。
Speaking Lesson
4ステップ・スピーキング
郵便局で・At the post office
Day 3 5
A 私はこの小包を、アメリカへ航空便で送りたいのですが。
I would like to send this parcel to the United States by airmail.
私は送りたいのですが ➡ I would like to send
この小包を ➡ this parcel
アメリカへ ➡ to the United States
航空便で ➡ by airmail. ／
使えるようになってほしいセンテンスです。
B 税関用にこの申請書を記入してください。
Day 3 6
Please fill out this declaration form for customs.
お願いします ➡ Please
記入してください ➡ fill out
この申請書を ➡ this declaration form
税関用に ➡ for customs.
英語のセグメントです。
覚えるために必要な〈笠原訳〉です。
すべて「4ステップ・スピーキング」で音声データに収録されています。

Check this out!

ここでは、「Vocabulary & Structure Building（重要ボキャブラリー＆重要構文）」で取り上げた重要なボキャブラリーや構文を再チェックします。

左側の日本語、もしくは右側の英語のどちらかを隠して確認していきましょう！

Check this out! の使い方

「Vocabulary & Structure Building」で取り上げた単語や構文の英語となります。

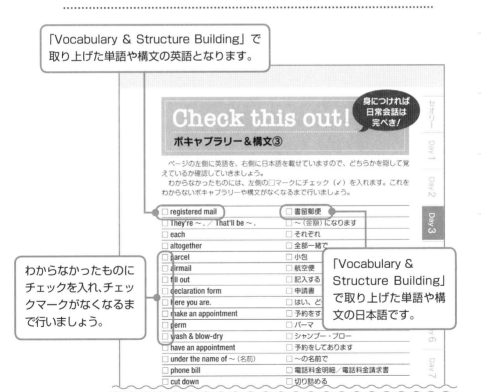

Check this out!　身につければ日常会話は完ぺき！

ボキャブラリー＆構文③

ページの左側に英語を、右側に日本語を載せていますので、どちらかを隠して覚えているか確認していきましょう。

わからなかったものには、左側の□マークにチェック（✓）を入れます。これをわからないボキャブラリーや構文がなくなるまで行いましょう。

□ registered mail	□ 書留郵便
□ They're ～. ／ That'll be ～.	□ ～（金額）になります
□ each	□ それぞれ
□ altogether	□ 全部一緒で
□ parcel	□ 小包
□ airmail	□ 航空便
□ fill out	□ 記入する
□ declaration form	□ 申請書
□ Here you are.	□ はい、ど
□ make an appointment	□ 予約をす
□ perm	□ パーマ
□ wash & blow-dry	□ シャンプー・ブロー
□ have an appointment	□ 予約をしてあります
□ under the name of ～（名前）	□ ～の名前で
□ phone bill	□ 電話料金明細／電話料金請求書
□ cut down	□ 切り詰める

わからなかったものにチェックを入れ、チェックマークがなくなるまで行いましょう。

「Vocabulary & Structure Building」で取り上げた単語や構文の日本語です。

実践編の構成

本書では、ネイティヴ達が、日常どのような英語を話しているのかを通して、日常英会話ができるように学習していきます。

そこで今回は、アメリカから日本に転勤で来ているロバートジョーンズ（Robert Jones）一家の日常生活を通して、ネイティヴの英会話を身につけていきます。

彼らの生活を英語で体験しながら、日常英会話を「笠原メソッド」でマスターする実践編です。

具体的には、以下の順に体験していきます。

第1日目 ▶「起床、オフィス、帰宅後」
第2日目 ▶「電話、レストラン、買い物」
第3日目 ▶「郵便局、美容院、家計」
第4日目 ▶「掃除、洗濯」
第5日目 ▶「料理、食事の時間」
第6日目 ▶「健康①（健康管理、定期健診）」
第7日目 ▶「健康②（医者へ行く）」
第8日目 ▶「パーティー、付き合い」
第9日目 ▶「おしゃれ、服装」
第10日目 ▶「余暇、趣味」
第11日目 ▶「街・道案内」
第12日目 ▶「天気①（冬・春・梅雨）」
第13日目 ▶「天気②（夏・秋）」
第14日目 ▶「職探し、業務、契約」

おもな登場人物

主人公

ロバートジョーンズ
(Robert Jones)
日本のメディア制作会社
「ABCコンピューター」勤務

メアリー(Mary)
ロバートの妻

ジェームス(James)
高校生の息子

リサ(Lisa)
7歳の娘

ジェフ(Jeff)
2歳の息子

レックス(Rex)
飼っている犬

リンダ
(Linda)

スーザン
(Susan)

マイケル
(Michael)

リチャード
(Richard)

本書の音声ファイルの説明を聴きながら、以下の文面を読んでみましょう。５段階高速リスニング（５ステップ・リスニング）と４段階高速スピーキング（４ステップ・スピーキング）が体験できます。

冒頭挨拶英文

Hello, and thank you for listening to Kasahara's Quick English for everyday conversation. I'm the author, Yoshi Kasahara. Now, let us begin with our introductions.
The narrators are: Lori Davis, Aaron Franco, Marie-Louise Ostler, Trenton Truitt and Yuko Todokoro.
This audio program consists of "the 5 Step Listening Program" and "the 4 Step Speaking Program". Both of them, registered patents in Australia, are designed to improve your English very quickly. What's more, this book and the CDs have a lot of important things such as essential vocabulary, useful expressions and sentence structure.
I hope you'll improve your English very quickly and use it for the rest of your life!

5ステップ・リスニング

● 1st Step, 4th Step, 5th Step

A　This is a really nice café. I like this atmosphere a lot. Do you come here often?

B　Not really. But I've wanted to come here for a long time. There was a café that my classmates and I used to go to when I was a university student back in the States. This place reminds me of it because it has a similar atmosphere.

A　So, this café brings back good memories. That's nice!

● **2nd Step, 3rd Step**

A　This is a really nice café. ここは本当にいいカフェです I like 私は好きです this atmosphere この雰囲気が a lot. とっても ／ Do you come あなたは来るんですか？ here ここに often? よく ／

B　Not really. いいえ、そうでも ／ But でも I've wanted to come 私は来たかったです here ここに for a long time. 長い間 ／ There was そこにはありました a café カフェが that そしてそれに my classmates and I used to go to 私のクラスメイトと私はよく行きました when ときに I was a university student 私が大学生だった back in the States. アメリカで ／ This place reminds ここは思い出させてくれます me 私に of it それを because なぜなら it has それは持っています a similar atmosphere. 似ている雰囲気を ／

A　So, そうなの this café brings back このカフェは思い出させてくれるのね good memories. いい思い出を ／ That's nice! それっていいわね ／

4ステップ・スピーキング

● 1st Step, 4th Step

■ 私は先週末に、革のビジネスバッグと財布を買いにそのお店に行きました。

■ **I went to the store to buy a leather business bag and a wallet last weekend.**

● 2nd Step, 3rd Step

私は行きました ➡ I went

そのお店に ➡ to the store

買うために ➡ to buy

革製のビジネスバッグと財布を ➡ a leather business bag and a wallet

先週末に ➡ last weekend. ／

第1日目

起床、オフィス、帰宅後

今回は、ロバートとメアリーの典型的な週日の生活を体験していきましょう！
今回取り上げるスィチュエーションは、起床、身支度といった出勤前の行動から、ロバートが出社してからの挨拶、スケジュールの打ち合わせといった職場での会話、そして、彼の帰宅後の入浴、食事などの体験までです。
これらのストーリーの中には、それぞれの場面で用いられる日常生活に必要な英単語やフレーズが満載です。
さあ、「笠原メソッド」で、日常生活に必要な英語力を身につけていきましょう！

Story Listening
5ステップ・リスニング

●ナレーション・Narration

ジョーンズ一家について
About the Jones family

Mr. Robert Jones is working ロバートジョーンズ氏は働いています for a media production company. メディア制作会社に ／
Mrs. Mary Jones is his wife メアリージョーンズ夫人は彼の奥様です and そして a homemaker. 主婦です ／
Robert was transferred ロバートは転勤になりました to Japan 日本に last month. 先月 ／
These stories are これらのお話であります about a typical day 典型的な 1 日についての in their life. 彼らの生活の ／

●起床・Wake-up

SKIT 1 寝坊した！
I overslept!

Robert I overslept! 私は寝坊した ／ It's already seven thirty! 時刻はすでに 7：30 だ ／ I set 私はセットした the alarm その目覚まし時計を for seven 7 時に last night, 昨晩 but しかし it didn't go off. それは鳴らなかった ／ Wake up, 起きなさい Mary! メアリー ／

Mary　I'm sleepy. 私は眠いわ ／ Let させて me 私に sleep 寝ることを for five more minutes. あともう５分間 ／ Rob, ロブ I think 私は思います the alarm is ringing 目覚まし時計が鳴っています now. 今 ／ Can't you hear あなたは聞こえないのですか？ it? それが ／ Would you turn off スイッチを切ってもらえますか？ the alarm clock, その目覚まし時計を please? お願いします ／ I didn't sleep 私は眠れませんでした well よくは last night. 昨晩 ／ Actually, 実は I couldn't fall asleep, 眠りに就くことができませんでした because なぜなら you were snoring あなたがいびきをかいていたからです all night 一晩中 ／

TIPS "Robert" のことを "Rob" や "Bob" というニックネームで呼ぶことがあります（66ページのコラム参照）。

SKIT 2　顔を洗います
I'll wash my face.

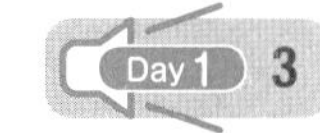

Robert　Did I keep you up 私はあなたを起こしていたのですか？ late 遅くまで last night? 昨晩 ／ I'm sorry. ごめんなさい ／ OK, （まだ寝てても）いいよ in the meantime, とりあえず I'll brush 私は磨きましょう my teeth, 歯を wash 洗いましょう my face, 顔を comb とかしましょう my hair 私の髪の毛を and shave. そしてヒゲをそりましょう ／ Then それから I'll wake you up 私はあなたを起こしましょう again. もう一度 ／

SKIT 3 身支度をしないと
I have to get dressed.

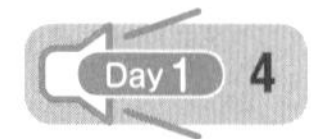

Robert Wake up, 起きなさい Mary! メアリー ／ It's time 時間です to get up! 起きるべき ／ I have to get dressed. 私は身支度をしないと ／

Mary All right! わかったわ ／ I've already gotten up. 私はもう起きてます ／ Good morning, おはよう Rob. ロブ ／

Robert Good morning, おはよう Mary. メアリー ／

Mary I'm going to cook 私は料理するつもりです breakfast 朝食を now. 今 ／

Robert It's already eight. 時間はもうすでに８時だよ ／ I have to leave 私は出なくてはならない now. 今 ／ I don't have 私は持っていません time 時間を to have 食べる breakfast 朝食を today. 今日は ／

● オフィス・Office

SKIT 4 間に合った！
I made it!

Robert Oh, ああ I made it! 間に合った ／

Linda You'd better punch in あなたはタイムカードに打刻しないと now. 今 ／

Robert I think 私は思います I'm on time. 私は時間どおりだと ／

Linda Not quite! 正確には違うわ ／ You are late あなたは遅れたわ again. また ／

Robert I'm 私はいます only five minutes late. たった５分遅れで ／

Linda You should be more punctual, あなたはもっと時間に正確であるべきだわ otherwise さもないと people won't trust 人々は信用しないわよ you. あなたを ／ You know, あのね Nancy was fired ナンシーは解雇されたわ because なぜなら she was late 彼女が遅れたから for a few important business meetings. 2～3回の重要なビジネス会議に ／

Robert You're kidding! ウソでしょう ／

Linda I'm not kidding! 冗談ではないです ／ You'd better be careful! あなたも気をつけないとね ／

Robert I'm an ordinary office worker, 私は普通の事務職員です so だから I won't be able to get 得ることはできないでしょう a better job よりよい仕事を if もしも I'm fired 私がクビになったら ／

Linda Anyway, とにかく how are you, ごきげんいかが？ Bob? ボブ ／

Robert I'm pretty good, まあまあ調子いいよ thank you. ありがとう ／ And yourself? そしてあなた自身は？ ／

Linda I'm good too, 私も調子いいわ thank you. ありがとう ／

SKIT 5 仕事を始めよう
Let's get started on our work.

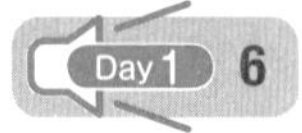

Robert　Let's get started 始めましょう on our work 私達の仕事を for today. 今日の ／

Linda　Let させてください me 私に check チェックすることを my schedule. 私の予定を ／ I can't believe 私は信じられません I've got 私は持っています so much とてもたくさん to do するべきことが today. 今日 ／

Robert　Me too. 私もです ／ I'm pressed 私は追われています for time. 時間に ／ By the way, ところで Linda, リンダ don't worry. 心配しないで ／ The first job その最初の仕事は on your list あなたのリストの won't require 要求しません（➡必要ありません）much effort. 多くの努力を ／ I don't think 私は思いません it will take それがかかるとは that much time! それほど多くの時間が ／

Linda　Well, まあ thank you ありがとう for the advice. そのアドヴァイスに ／ But, でも I want to be responsible 私は責任が持ちたいわ for something. 何かに ／ I know 私は知っているわ you are in charge あなたは担当だと of the new project. その新しいプロジェクトの ／ That's a big responsibility! それは大きな責任だわ ／ Lucky you! ラッキーだわ ／

Robert　Actually, 実は I'm finished 私は終わりました with the work. その仕事が ／

Linda　Oh, ええ really? 本当に？ ／ Already? もうすでに？ ／

Robert Yeah, ああ that's why それだから I'm 私はいます here ここに to work 働くために on the flower shop project その花屋さんのプロジェクトに with you. あなたと ／

Linda That's right. そうだわね ／ Oh, ああ it's time 時間だわ for the morning meeting. 午前中の会議の ／ Let's get going! 行きましょう ／

●帰宅後・After work

SKIT 6 ただいま I'm home.

Robert Hi, ハイ I'm home. 家に着きましたよ ／ Is anyone 誰かいますか？ here? ここに ／

Mary Hi. ハイ ／ You are back あなたは戻ったの already? すでに ／

Robert Yeah, うん it's nice それはいいね to be back, 帰ってきて but でも I'm very tired. 私はとても疲れています ／ I'm exhausted. 私は大変疲れています ／ I was 私はいました in a very long meeting とても長い会議に today. 今日 ／

SKIT 7 食事を早く食べてもいい？ Can I have dinner earlier today?

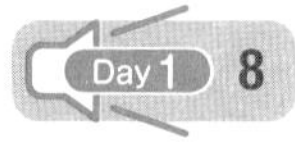

Mary I recommend 私はお勧めします that 次のことを you take a hot bath あなたが熱いお風呂に入ることを and そしたら you'll feel あなたは感じるでしょう refreshed. 回復した気分に ／

Robert　That sounds それは聞こえます like a good idea, いいアイデアのように but けれど can I have 私は食べてもいいですか？ dinner 夕食を earlier 早くに today? 今日 ／ I skipped 私は抜いたから lunch 昼食を because なぜなら the meeting took そのミーティングはかかったから such a long time. とても長い時間 ／

Mary　Sure. いいですよ ／ I'll prepare 私は準備しますね it それを for you. あなたに ／ Do you want あなたはいりますか？ a snack 軽食が in the meantime? とりあえず ／

Robert　No, いや that's OK. それは大丈夫です ／

SKIT 8　私が食器を洗いましょう I'll wash the dishes.

Robert　That was a wonderful dinner. それは素晴らしい夕食でした ／ Thank you ありがとう so much. 本当に ／ I'll clear 私が片付けます the table テーブル上を and そして wash 洗います the dishes. 食器を ／

Mary　Don't worry. 心配しないで ／ I'll do the dishes. 私が皿洗いをします ／ You just help あなたはただ手伝ってください me 私が dry ふくのを（➡ふいて乾かすのを）them. それらを ／

Vocabulary & Structure Building
重要ボキャブラリー＆重要構文

●ナレーション・Narration

A **work for** ～に働く

B **homemaker** 主婦

「主婦」という言い方には、“homemaker”と“housewife”という二通りがあります。“housewife”には、読んで字のごとく家の中にいる奥さんというニュアンスがあります。一方“homemaker”という言葉は、「家庭を切り盛りする人」という意味を含んでいますので、最近は、“homemaker”のほうがよく使われます。

C **be transferred** 転勤になる

D **typical** 典型的な

●起床・Wake-up

SKIT 1

A **oversleep** 寝坊する

B **set the alarm** 目覚ましをセットする

C **go off** （目覚まし時計や警報機などが）鳴る

D **wake up** 起きる

E **sleepy** 眠い

F **sleep** 眠る

G **ring** 鳴る

H **turn off** スイッチを切る

“turn off（スイッチを切る）”の反対語である「スイッチを入れる」は、“turn on”です。

I fall asleep　眠りに就く

J snore　いびきをかく

SKIT 2

A keep ~ up late　~を遅くまで起こしておく

関連表現に、"stay up late(夜更かしをする)"がありますが、"stay up late"は「みずからの意思で、夜更かしをする」という意味の表現です。

B in the meantime　とりあえず

C brush　磨く、ブラシをかける

D wash　洗う

E comb　とかす

F shave　ヒゲをそる

G wake ~ up　~を起こす

SKIT 3

A It's time to ~　~する時間ですよ

B get dressed　身支度をする

C cook breakfast　朝食を料理する

「料理する」は、通常"cook"ですが、「サラダ(salad)」のように火を使わないで作る場合、"cook"は使いません。"make"を使います。

D leave　出る、出発する

E have　食べる

「食べる」は"eat"ですが、"have"もよく使います。

オフィス・Office

SKIT 4

A **make it**　間に合う

B **punch in**　（タイムカードに）打刻する

「打刻する」は"clock in"もよく使われます。

C **on time**　時間どおりで

D **punctual**　時間に正確で

E **trust**　信用する

F **be fired**　解雇される

G **kidding**　からかっている

"You're kidding!"を訳すと「あなたはからかっているでしょう」となり、意味としては「ウソでしょう」になります。

H **had better ~**　~しなければなりません（さもないと）

I **anyway**　とにかく

「とにかく」と言うとき"anyhow"もよく使われます。

J **how are you?**　ごきげんいかがですか？

K **pretty good**　まあまあよい

L **good**　よい

"how are you?"の応答のとき、日本の学校で一番広く使われているのが、"I'm fine.（私は元気です）"です。しかしこれは、ネイティヴからすると形式的でおもしろくないと思われがちな表現、または、少し親近感のない突き放した言い方になります。
調子がよかったら"I'm good.（調子いいよ）"、それより少しよかったら"I'm pretty good."、「調子がとてもよい」なら"I'm very good."、「素晴らしく気分がよい」なら"I'm great."と言いましょう。"I'm OK."と返答することも多くあります。この場合、"So-so"と同じように「まあまあだよ」という意味です。

SKIT 5

A let me check　確認させて

B have got so much to do　たくさんやることがある

C be pressed for ～　～に追われている

D by the way　ところで

E don't worry　心配しないで

F be responsible for ～　～に責任がある

G in charge of ～　～の担当

H lucky you　ラッキーだね

「ラッキーだね」と言うとき、“good for you”や“good on you”もよく使われます。

●帰宅後・After work

SKIT 6

A I'm home.　家に帰ったよ

“I'm home.”は、日本語の「ただいま」と近い意味がありますが、家に帰ったときに、家人が近くにいなかったり見当たらなかったりするときに「帰ったよ」と伝えるニュアンスを持つ表現です。

B be tired　とても疲れている

C be exhausted　とても疲れている

SKIT 7

A I recommend that 主語＋動詞の原形　私は（主語）が～するのを勧める

人に何かを勧めるときの動詞、"recommend"や"request"などのことを「サブジャンクティヴ動詞」と言います。これらの動詞は、動詞＋目的語＋不定詞という構文は使えません。ですから、"I recommend you **to** take a hot bath."という言い方は間違いになります。正しくはこのSKITにあるように"I recommend that you take a hot bath."になります。

B sound ～　～（形容詞）に聞こえる

"sound ～ "の後に形容詞が入ると、「～（形容詞）に聞こえる」となります。"sound ～ "の後に"like"が入り、"sound like ～ "となった場合、その後には名詞や名詞節などが入り、「～（名詞、名詞節など）のように聞こえる」となります。

C skip　抜く／飛ばす

SKIT 8

A clear the table　テーブルを片付ける

B wash the dishes　皿を洗う

C do the dishes　皿洗いをする

"do the dishes"は、"wash the dishes"とは違い、家事の一環としてのニュアンスがあります。"do the dishes"は、American English（米語）です。British English（英語）では、"do the washing-up"と言います。

D dry　乾かす

Speaking Lesson
4ステップ・スピーキング

●ナレーション・Narration

A ロバートジョーンズ氏は、メディア制作会社で働いています。

Mr. Robert Jones is working for a media production company.

ロバートジョーンズ氏は働いています ➡ Mr. Robert Jones is working

メディア制作会社に ➡ for a media production company. ／

B メアリージョーンズ夫人は彼の奥様で、主婦です。

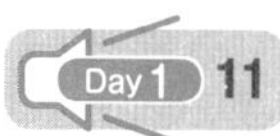

Mrs. Mary Jones is his wife and a homemaker.

メアリージョーンズ夫人は彼の奥様です
➡ Mrs. Mary Jones is his wife

そして ➡ and

主婦です ➡ a homemaker. ／

●起床・Wake-up

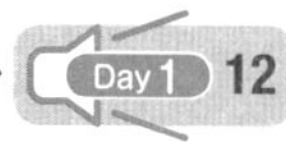

A 私は昨晩、その目覚まし時計を７時にセットしたけれど、鳴らなかった

I set the alarm for seven last night, but it didn't go off.

私はセットした ➡ I set

その目覚まし時計を ➡ the alarm

７時に ➡ for seven

昨晩 ➡ last night,

しかし ➡ but

それは鳴らなかった ➡ it didn't go off. ／

B 私は眠いわ。あともう５分間、寝させて。

I'm sleepy. Let me sleep for five more minutes.

私は眠いわ ➡ I'm sleepy. ／

させて ➡ Let

私に ➡ me

寝ることを ➡ sleep

あともう５分間 ➡ for five more minutes. ／

C とりあえず、私は歯を磨いて、顔を洗って、髪の毛をとかして、ヒゲをそりましょう。

In the meantime, I'll brush my teeth, wash my face, comb my hair and shave.

とりあえず ➡ In the meantime,

私は磨きましょう ➡ I'll brush

歯を ➡ my teeth,

洗いましょう ➡ wash

顔を ➡ my face,

とかしましょう ➡ comb

私の髪の毛を ➡ my hair

そして ➡ and

ヒゲをそりましょう ➡ shave. ／

D それからもう一度起こしますね。

Then I'll wake you up again.

それから ➡ Then

私はあなたを起こしましょう ➡ I'll wake you up

もう一度 ➡ again. ／

E 私は身支度をしなくては。

I have to get dressed.

私は身支度をしなくては ➡ I have to get dressed. ／

F 私は今、朝食を作りますね。

I'm going to cook breakfast now.

私は料理するつもりです ➡ I'm going to cook

朝食を ➡ breakfast

今 ➡ now. ／

G 私は今、出かけなくてはならない。

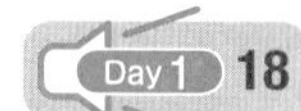

I have to leave now.

私は出なくてはならない ➡ I have to leave

今 ➡ now. ／

● オフィス・Office ……………………………………

A あなたはもっと時間に正確にしないと、皆あなたのことを信用しなくなりますよ。

You should be more punctual, otherwise people won't trust you.

あなたはもっと時間に正確であるべきだわ
➡ You should be more punctual,

さもないと ➡ otherwise

人々は信用しないわよ ➡ people won't trust

あなたを ➡ you. ／

B あのね、ナンシーは重要なビジネス会議に２～３回遅刻したので、解雇されました。

You know, Nancy was fired because she was late for a few important business meetings.

あのね ➡ You know,

ナンシーは解雇されたわ ➡ Nancy was fired

なぜなら ➡ because

彼女が遅れたから ➡ she was late

２～３回の重要なビジネス会議に
➡ for a few important business meetings. ／

C 私の予定をチェックさせてください。信じられないわ、私はたくさんやることがあります。

Let me check my schedule. I can't believe I've got so much to do today.

させてください ➡ Let

私に ➡ me

チェックすることを ➡ check

私の予定を ➡ my schedule. ／

私は信じられません ➡ I can't believe

私は持っています ➡ I've got

とてもたくさん ➡ so much

するべきことが ➡ to do

今日 ➡ today. ／

D 私は時間に追われています。

I'm pressed for time.

私は追われています ➡ I'm pressed for

時間に ➡ time. ／

E 私は何かに責任が持ちたいわ。

I want to be responsible for **something.**

私は責任が持ちたいわ ➡ I want to be responsible

何かに ➡ for something. ／

F あなたは、その新しいプロジェクトの担当です。

You are in charge of **the new project.**

あなたは担当です ➡ You are in charge

その新しいプロジェクトの ➡ of the new project. ／

● 帰宅後・After work ……………………………………

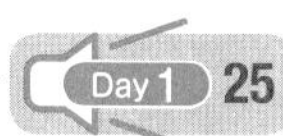

A 私は大変疲れています。

I'm exhausted**.**

私は大変疲れています ➡ I'm exhausted. ／

B 私は、あなたが熱いお風呂に入ることをお勧めします。

I recommend that **you take a hot bath.**

私はお勧めします ➡ I recommend

次のことを ➡ that

あなたが熱いお風呂に入ることを ➡ you take a hot bath. ／

C それはよさそうなアイデアですね。

That sounds like **a good idea.**

それは聞こえます ➡ That sounds

いいアイデアのように ➡ like a good idea. ／

D 私は昼食を抜きました。 Day 1 28

I skipped lunch.

私は抜きました ➡ I skipped

昼食を ➡ lunch. ／

E 私がテーブルを片付けて食器を洗います。

I'll clear the table and wash the dishes.

私が片付けます ➡ I'll clear

テーブル上を ➡ the table

そして ➡ and

洗います ➡ wash

食器を ➡ the dishes. ／

F ふだんは私が皿洗いをします。

I usually do the dishes.

私はふだんします ➡ I usually do

皿洗いを ➡ the dishes. ／

G 食器をふいてもらえませんか？

Will you dry the dishes?

乾かしてもらえませんか？ ➡ Will you dry

その食器を ➡ the dishes? ／

Check this out!

身につければ
日常会話は
完ぺき!

ボキャブラリー＆構文①

ページの左側に英語を、右側に日本語を載せていますので、どちらかを隠して覚えているか確認していきましょう。

わからなかったものには、左側の□マークにチェック（✓）を入れます。これをわからないボキャブラリーや構文がなくなるまで行いましょう。

□ work for	□ 〜に働く
□ homemaker	□ 主婦
□ be transferred	□ 転勤になる
□ typical	□ 典型的な
□ oversleep	□ 寝坊する
□ set the alarm	□ 目覚ましをセットする
□ go off	□ （目覚まし時計や警報機などが）鳴る
□ wake up	□ 起きる
□ sleepy	□ 眠い
□ sleep	□ 眠る
□ ring	□ 鳴る
□ turn off	□ スイッチを切る
□ fall asleep	□ 眠りに就く
□ snore	□ いびきをかく
□ keep 〜 up late	□ 〜を遅くまで起こしておく
□ in the meantime	□ とりあえず
□ brush	□ 磨く、ブラシをかける
□ wash	□ 洗う
□ comb	□ とかす
□ shave	□ ヒゲをそる
□ wake 〜 up	□ 〜を起こす
□ It's time to 〜	□ 〜する時間ですよ
□ get dressed	□ 身支度をする
□ cook breakfast	□ 朝食を料理する
□ leave	□ 出る、出発する
□ have	□ 食べる

□ make it	□ 間に合う
□ punch in	□ （タイムカードに）打刻する
□ on time	□ 時間どおりで
□ punctual	□ 時間に正確で
□ trust	□ 信用する
□ be fired	□ 解雇される
□ kidding	□ からかっている
□ had better ～	□ ～しなければなりません（さもないと）
□ anyway	□ とにかく
□ how are you?	□ ごきげんいかがですか？
□ pretty good	□ とてもよい
□ good	□ まあまあよい
□ let me check	□ 確認させて
□ have got so much to do	□ たくさんやることがある
□ be pressed for ～	□ ～に追われている
□ by the way	□ ところで
□ don't worry	□ 心配しないで
□ be responsible for ～	□ ～に責任がある
□ in charge of ～	□ ～の担当
□ lucky you	□ ラッキーだね
□ I'm home.	□ 家に帰ったよ
□ be tired	□ とても疲れている
□ be exhausted	□ とても疲れている
□ I recommend that 主語＋動詞の原形	□ 私は（主語）が～するのを勧める
□ sound ～	□ ～（形容詞）に聞こえる
□ skip	□ 抜く、飛ばす
□ clear the table	□ テーブルを片付ける
□ wash the dishes	□ 皿を洗う
□ do the dishes	□ 皿洗いをする
□ dry	□ 乾かす

COLUMN

ニックネーム（nicknames）

本書の主人公の「Robert」は、家では、奥さんの「Mary」から“Rob”と呼ばれ、会社では同僚達から“Bob”と呼ばれています。

英語のニックネーム（nickname）は実にさまざまです。

また、英語圏では、相手の名前をどのように呼ぶかが、人間関係を表します。「Mr.」や「Mrs.」「Miss」「Ms.」をつけて名字（英語では、「family name」「last name」や「surname」とも言います）で、呼び合っている間は、親しいとは言えません。親しくなると、名前（英語では、「first name」「given name」と言います）で呼び合います。

ちなみに、「Mr.」や「Mrs.」「Miss」「Ms.」は、名字を言う場合、もしくは、名前と名字を両方言う場合に使い、名前のみを呼ぶ場合にはつけません。

そしてもっと親しくなると、ニックネームで呼ぶようになります。

ニックネームで呼び合うようになるということは、とても仲が良くなった証拠の一つです。英米では、ビジネスの世界でもニックネームで呼び合うことが良くあります。また、Mr.、Miss、Mrs. は、名字（英語では、「family name」「last name」「surname」とも言います）につくものです。ビジネスの世界でも、いつまでも名字で呼び合うようでは、仕事がなかなかはかどらないのが英米での常識です。仲良くなりたい相手とは、ニックネームで呼び合うようにしましょう。

① You can call あなたは呼べますよ me 私を Jimmy. ジミーと ／

② How どのように can I call 私は呼べますか you? あなたを ／

③ May I call 私は呼んでもよろしいですか you あなたを Mandy マンディーと ／

この 3 つは、身につけておくとよい、フレーズです。

ニックネームには、いろいろな法則がありますが、必ず本人に確認してから使うようにすることがポイントです。私がアメリカで生活しているとき、「Benjamin」という友人がいました。彼は、“Please call me "Ben".”と言っていましたので、“Ben”と呼んでいました。しばらくして、偶然、別の「Benjamin」という者に出会いました。そこで

"Can I call you "Ben"?" と聞いたら、"No! I don't like "Ben". Please call me "Benny"." と言われました。

またある友人は、「William」という名前でしたが、"Call me "Geoff"." と言っていました。これはさすがに、「何で？」と聞いたら、彼のミドルネーム（middle name）が、"Geoff" だからだと言うのです。「William」と来たら、ニックネームは通常 "Bill" のはずですが、彼は "Bill" じゃ、ありふれているので "Geoff " と呼んでほしかったのです。

このように、人によって呼ばれたいニックネームはさまざまですが、おおまかなパターンを知っておくことは、友人達が噂話をしているときや、友人と親しくなったときに役に立ちますので、ここで少し例をあげてみましょう。

「Amanda（女性）」という名前の人のほとんどは、ニックネームに "Mandy" と呼ばれたいと思っていますし、「James（男性）」は、多くの場合、"Jim" や "Jimmy" "Jamie" と呼ばれています。

「Elizabeth（女性）」は "Beth" "Liz" "Eliza" "Betty"。「Jonathan（男性）」は、"John" "Johnny" や "Jack"。僕の友人の「John」は、日本に来て、ファミリーレストランの「Jonathan's」を見て、「僕の店がある！」と言って喜んでいました。

「Margaret（女性）」は、"Maggie" "Meg" "Peggy" や "Peg"。ハリウッドスターの「Meg Ryan」（メグライアン）が、"Margaret Ryan" だと思うと、ちょっと印象が変わりますね。

「Patricia（女性）」は、"Pat" "Patty" で、「Patrick（男性）」は "Pat" と言いますが、僕の友人の「Patrick」は、"Pat" は嫌だそうです。「Robert（男性）」は、"Robert" "Bob" "Bobby" "Rob" "Robin" "Bert"。ちなみに、ハリウッドスターの「Robert De Niro」（ロバートデニーロ）は、インタビューなどで、よく "Bob" と呼ばれてます。

「David（男性）」は、"Dave" "Davy"。「Edward（男性）」も「Edmond（男性）」も、"Ed" "Eddie" "Ned" "Ted" "Teddy" といったように、さまざまです。

さらに続けると、「Alexander（男性）」「Alexandra（女性）」はどちらも "Alex"。「Alfred（男性）」は、"Freddy" または、"Al"。「Andrew（男性）」は、"Andy"。「Anthony（男性）」は、"Tony" または、"Ant" と呼びます。

「Barbara (女性)」は、"Bobbie" や "Barb"。「Arthur (男性)」は、"Arty"。「Charles (男性)」は、"Charlie" や "Chuck" です。「Christopher (男性)」や「Christine (女性)」の場合、"Chris"。「Daniel」は、"Dan" や "Danny"。「Francis (男性)」は、"Frank" や "Fran" となり、「Frances (女性)」は、"Fran" です。

「Catherine (女性)」は、"Cathy"。「Frederick (男性)」は、"Fred" や "Freddy"。「Jacob (男性)」は、"Jake"。「Deborah (女性)」は、"Debbie" と呼ばれます。「Jacqueline (女性)」の場合は、"Jackie" や "Jacqui"。「Laurence (男性)」は、"Larry"。「Nicholas (男性)」は、"Nick" です。「Samuel (男性)」や「Samantha (女性)」は、"Sam"。「Rebecca (女性)」は、"Becky"。「Cynthia (女性)」は、"Cindy" と言われるのが普通です。

「Stephan (男性)」は、"Steve" または、"Steven"。「Peter (男性)」は、"Pete"。「Phillip (男性)」は、"Phil" と言われます。「Michael (男性)」は、"Mike" または、"Mick"。「Thomas (男性)」は、"Tom" や "Tommy"。「Timothy (男性)」は、"Tim" "Timmy" と呼ばれることが多くなっています。

「Terence (男性)」は、"Terry"。「Richard (男性)」は、"Rick"。「Jennifer (女性)」は、"Jenn" や "Jenny"。そして、「Susan (女性)」は、"Susie" または、"Sue"。「Sophia (女性)」は、"Sophie" です。

「Ronald (男性)」は、"Ron" "Ronny" と呼ばれます。そう言えば、かつて、中曽根康弘元総理が、総理大臣だったとき、当時の米大統領の Ronald Reagan (ロナルドレーガン) との親密さを「"Ron"、"康" と呼ぶようになった」とアピールしていたのを覚えている人も多いでしょう。

このように、ニックネームは、私達日本人には、複雑でわかりにくいですが、半面、おもしろいですね。

ちなみに、初めて紹介されるときに、「Mr.」「Mrs.」などの敬称と合わせて、「ニックネーム＋名字」で紹介されるときも、しばしばあります。本書のストーリー (「第8日目」) にもありますが、"Mr. Rick Johnson"、これは、正式には、"Mr. Richard Johnson" ですよね。このように、英語圏では、ニックネームは、いろんな場面で多用されています。

第2日目

電話、レストラン、買い物

今回は、ロバートの職場の電話、メアリーのデパートでのショッピング、そして、2人のレストランでの会話をストーリーを通して見ていきます。
テレフォンカンバセーション（電話での会話）、レストラン、ショッピングをまとめて、「笠原メソッド」でマスターしていきましょう！　重要なボキャブラリーや言い回しがたくさん出てきます。
まずは、5ステップ・リスニングで高速INPUTしていきましょう！

Story Listening 5ステップ・リスニング

●電話・Telephone

SKIT 1 佐藤さんをお願いします May I speak to Mr. Sato?

Robert Hello. もしもし ／ May I speak お話してもよろしいですか？ to Mr. Sato 佐藤様と in public relations, 広報課の please? お願いします ／

Ms. Yamada Certainly. かしこまりました ／ May I ask お伺いしてもよろしいですか？ who's calling? どなたがかけていらっしゃるかを ／

Robert This is Robert Jones こちらはロバートジョーンズです from ABC Computers. ABC コンピューターの ／

Ms. Yamada Thank you. ありがとうございます ／ Please お願いします hold そのままにしてください the line. 回線を ／

SKIT 2 外出中で不在です He is out.

Ms. Yamada I'm afraid 恐れ入ります he's out 彼は外出しています at the moment. ただ今 ／

Robert When いつ is he coming 彼は来ますか？ back? 戻って ／

Ms. Yamada He'll be 彼はいるでしょう back 戻って in an hour. 1時間後に ／

Robert I'll call 私は電話をかけます back 折り返し in about an hour and a half およそ1時間半後に then. それでは ／

SKIT 3 伝言をお願いします May I leave a message?

Ms. Yamada I'm sorry, 申し訳ございません he is out. 彼は外出しています ／

Robert May I leave 私は残してもいいですか？ a message? メッセージを ／

Ms. Yamada Certainly. はい ／ Let me get 私に取らせてください a pen, ペンを please. お願いします ／
Go ahead. どうぞ ／

Robert Could you ask お願いしていただけますか？ him 彼に to call 電話することを me 私に back? 折り返し ／ This is Robert Jones. こちらはロバートジョーンズです ／

Ms. Yamada May I have 持ってもいいですか？ your number, あなたの番号を please? お願いします ／

Robert Sure. はい ／ It's 03-1234-5678. それは、03-1234-5678です ／

Ms. Yamada I'll give 私は伝えておきます him 彼に the message. そのメッセージを ／

SKIT 4　番号が違いますよ
You have the wrong number.

Robert　May I speak お話してもよろしいですか？ to Mr. Sato, 佐藤様と please? お願いします ／

Lucy　I'm sorry, 申し訳ございません you have あなたは持っています the wrong number. 間違った番号を ／

●レストランで・At the restaurant

SKIT 5　注文はお決まりですか？
May I take your order?

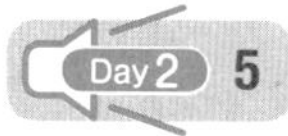

SKIT 5-A

Robert　May we have 持ってもいいですか？ some menus, メニューを please? お願いします ／

Waiter　Certainly. かしこまりました ／
Here you are. はいどうぞ ／
Are you ready 用意ができていますか？ to order? 注文をする ／

Mary　I'm sorry, 申し訳ありません we haven't decided 私達は決めていません yet. まだ ／

Waiter　That's fine. それは結構です ／ I'll come back 私は戻ってきますよ in a little while. 少し経ったら ／

SKIT 5-B

Waiter　May I take 取ってもいいですか？ your order? あなたの注文を ／

Robert　Yes. はい ／ I'll have 私はいただきます the sirloin steak. サーロインステーキを ／

Mary　And それと I'll have 私はいただきます the spaghetti スパゲティーを with clam sauce. クラムソースの ／

Waiter　Certainly. かしこまりました ／ How どのように would you like あなたはお望みですか？ your steak? あなたのステーキを ／

Robert　Medium rare, ミディアム・レアを please. お願いします ／

Waiter　Would you like あなたはお望みですか？ anything 何かを to drink? 飲むための ／

Robert　Two teas, please. 紅茶を２人分、お願いします ／

Waiter　Would you like あなたはお望みですか？ anything 何かを else? ほかに ／

Mary　That's all. それですべてです ／ Thank you. ありがとう ／

SKIT 6 ただ見ているだけです I'm just browsing.

Shop assistant (S.A.)　May I help 助けてもいいですか？ you? あなたを（➡いらっしゃいませ）／

Mary　No, thank you. いいえ、結構です ／ I'm just browsing. 私はただ見ているだけです ／

COLUMN

英語上達を阻害する和製英語①
～NG、ミス～

日本では“OK”の反対語として、“NG”を「ダメ／該当しない」、すなわち“Not Good”の省略形（abbreviation）として使っていますが、英米人には通じません。英語では“N / A”、すなわち“Not Available（不可能）”、または“Not Applicable（当てはまらない）”の省略形が、それに当たります。

また、“NG”の正しい英語は“fault”と思っている人がいますが、“fault”は「過失／間違い」ですので、“That's your fault!（それは君の間違いだよ）（それはあなたのせいです）”などと言うときに使います。これは“That's your mistake.”でも同じ意味です。

そう言えば、日本では「これは私のミス」と言いますが、これも和製英語です。日本のミスに当たる言葉は“mistake（間違い）”です。

“miss ○○”は「○○しそこなう」といった意味です。たとえば、“I missed the train this morning.”と言えば、「今朝電車に乗りそこなった➡乗り遅れた」です。ですから、映画の宣伝などで“Don't miss it!（見逃さないで！）”となるのです。

SKIT 7 セーターを見たいのですが
I'd like to look at some sweaters.

Shop assistant (S.A.) May I help お手伝いしてもいいですか？ you? あなたを ／

Mary Yes, please. はい、お願いします ／ I'd like to look at 私は見たいのですが some women's sweaters. 婦人用のセーターを ／

S.A. They're それらはあります over here. こちらに ／

Mary Do you have あなた方は持っていますか？ anything 何かを in red? 赤い ／

S.A. Yes, we do. はい、私達は持っています ／ How's this? これはどうですか？ ／

Mary May I try 試着してもいいですか？ it on? それを ／

S.A. Yes, of course. はい、もちろんです ／ The fitting rooms are 試着室はあります over there. そこの向こうに ／

Vocabulary & Structure Building
重要ボキャブラリー&重要構文

電話・Telephone

SKIT 1

A Hello　もしもし

「もしもし」は、英語では"hello"です。
それを"good morning(おはようございます：午前中)"や、"good afternoon(こんにちは：午後)"、"good evening(こんばんは：夕方以降)"などに置き換えると、さらに丁寧な言い方になります。

B May I speak to ～, please?　～様をお願いします

「～様をお願いします」は、英語では、以下のように言います。

① **国際部の坂本様とお話してもよろしいですか？**
May I speak 私は、お話してもよろしいですか？ to **Mr. Sakamoto** 坂本様と **in the overseas division**, 国際部の please? お願いします ／

② **山本様とお話したいのですが。**
I'd like to speak 私は、お話したいのですが to **Ms. Yamamoto.** 山本様と ／

③ **ジョンソン様とお話させてください。**
Let me 私にさせてください speak 話すことを to **Mr. Johnson,** ジョンソン様と **please.** お願いします ／

④ **ジョンソン様とお話できますか？**
Can I speak 私は、お話することができますか？ to **Mr. Johnson,** ジョンソン様と **please?** お願いします ／

⑤ **ピーターソン様は、いらっしゃいますか？ お願いします。**
Is **Ms. Peterson** ピーターソン様は、いらっしゃいますか？ there, そこに **please?** お願いします ／

ビジネスの世界では、①、②の言い方が丁寧であり、一般的です。ほかに丁寧な言い方として、"May I ～?"の代わりに"Could I ～?"もよく使われます。
カジュアルな英会話では、"Is ～ there?(～はいますか？)"と言ったりするこ

ともよくあります。③〜⑤は、比較的カジュアルな言い方なので、お友達向けの表現です。

C who's calling?　だれがかけていますか？

日本では電話をかけたほうから名乗るのが一般的ですが、英語圏では、"This is Jackson, speaking.（こちらは、ジャクソンですが）"とかけた側から名乗る習慣があまりなく、"Hello. May I speak to 〜？"と話し始めることが多いようです。そこで、日本の職場で英語で電話を受けたときは、特に「どちら様ですか？」「お名前をいただけますか？」と相手に聞かなくてはならないことが多いと思います。そうしないと取り次ぎできませんよね。
そこで、以下のような表現が有効になってきます。

① Who's calling, どちら様がお電話をしていますか？ please? お願いします ／
② **May I ask** お伺いしてもよろしいですか？ who's calling? どなたがかけていらっしゃるか ／

この2つでは、"May I 〜？"で始まる②がより丁寧な言い方です。
間違っても、"Who are you?"とは聞かないでください。とても失礼（rude）で、攻撃的（offensive）な言い方です。

D This is 〜（名前）　こちらは〜です

電話の応答のしかたは、"This is 自分の名前.（こちらは〜です）"を使います。ビジネスの現場では、名前の後に"from＋会社名"を加え、"This is 自分の名前 from 会社名."が使われます。

E hold the line　（電話を切らずに）そのままお待ちください

"hold"はそのままの状態にしておくということ。すなわち"keep（保存）"しておくということです。この場合は、"the line（電話回線）"をこのままの状態にしておくということです。

SKIT 2

A I'm afraid　恐れ入ります

「恐れ入ります」は"I'm sorry"もよく使われます。

B he's out　彼は外出中です

C He'll be back　彼は戻ってくるでしょう

D in ～　～後に

“in”は、英語では重要なタイムマーカーのひとつです。「～後に」と言いたいときに、日本人は、“ ～ later”を使いたがります。たとえば、「2週間後に会いましょう」は、“See you in two weeks.”が正解です。“See you two weeks later.”とは言いませんので、要注意！

E I'll call back ～　かけ直します

「後程かけ直します」などは、英語では、以下のように言います。

① **後程かけ直します。**
I'll call 私は電話をかけます back 折り返し **later.** 後で ／

② **それでは、あと 1 時間半ぐらい経ってから、かけ直します。**
I'll call 私は電話をかけます back 折り返し **in about an hour and a half** およそ 1 時間半後に **then.** それでは ／

③ **4 時半頃にかけ直します。**
I'll call 私は電話をかけます back 折り返し **at about four thirty.** 4 時半頃に ／

④ **30 分後くらいにおかけ直しいただけますか？**
Could you call お電話をおかけいただけますか？ back 折り返し **in about 30 minutes?** 約 30 分後に ／

SKIT 3

A May I leave a message?　伝言をお願いできますか？

似た表現である“**May I take a message**?（何か伝言はございますか？）”もよく使われます。

B certainly　はい／かしこまりました

「はい、かしこまりました」は、“certainly”が最も適切です。そのほかには、“Yes, of course.（はい、もちろんですとも）”があります。“sure”も意味としては合っていますが、ビジネスで使う場合、少しカジュアル（casual）ですので、親しいビジネスと取引先の相手に使われます。

C ask ～ to call me back　折り返しお電話いただけるようにお願いします

D **May I have your number, please?**　番号をお願いできますか？

SKIT 4

A **You have the wrong number.**　番号が違いますよ

番号違いであることを伝える場合でも、最初に"I'm sorry（申し訳ございません）"の言葉を加えるのが一般的です。

●レストランで・At the restaurant

SKIT 5-A

A **May we have ～？**　～をいただけますか？

◎自分１人分の場合

May I have 私は持ってもいいですか？ **a menu,** メニューを **please**? お願いします ／

◎複数の人分の場合

May we have 私達は持ってもいいですか？ **some menus,** メニューを **please**? お願いします ／

上記の表現はレストランで、メニューをもらうときの定石です。
"have"の代わりに"see"もよく使われます。

B **Are you ready to order?**　ご注文はお決まりですか？

「ご注文はお決まりでしょうか？」は、以下の３つの表現を覚えておくといいでしょう。

Are you ready あなたは用意ができていますか？ to order? 注文をする ／
May I take 取ってもいいですか？ your order? あなたの注文を ／
Have you decided あなたはお決まりですか？ on your order? あなたの注文が ／

SKIT 5-B

A I'll have ～.　私は～をいただきます

レストランで食事を注文するときに、「私は～をいただきます」は、"**I'll have** 私はいただきます **～.** ～を ／"、または"**I'd like** 私は望みます **～.** ～を ／"と言います。決まり文句ですので、覚えておくようにしてください。
もう少し丁寧に言いたいときには、"I'll have ～."の代わりに、"Could I have "を使う方法もあります。特にイギリスなどでは、そのほうが好まれます。
ちなみに、レストランではなく、ショッピングの場合、「それをください」は、"**I'll take** 私はいただきます **it.** それを ／"です。

B How would you like your steak?　ステーキの焼き加減はどのようにしますか？

ステーキの焼き加減について英語ではもっと婉曲的に「あなたのステーキをどのようになさりたいですか？」と言います。"How would you like your steak?"と聞かれたら、

①「生焼き」がよければ、→ rare
②「半生焼き」がよければ、→ medium rare
③「中ぐらい」のがよければ、→ medium
④「よく焼いた」のがよければ、→ well-done

です。ちなみに「焦げ焦げ」は"burnt（burnの過去分詞形）"。ありえませんが「生」は"raw"です。ですから「刺身」は"raw fish"と言いますね。

●買い物・Shopping

SKIT 6

A May I help you?　いらっしゃいませ

"May I help you?"の訳を「いらっしゃいませ」とだけ丸暗記していると本当の意味とは違ってきます。ですので、店員さん（shop assistant）の"May I help you?"を、"**May I help** お手伝いしてもいいですか？ **you?** あなたを ／"と解釈して、それが「いらっしゃいませ」という意味も含んでいると考えてください。

B I'm just browsing.　ただ見ているだけです

“May I help you?”と聞かれて、「ああ、ただ『いらっしゃいませ』と言っているんだな」と日本にいるときのように無視してしまっては、店員さんがかわいそうです。言われたときに何かを買うつもりがないのなら、「ただ見ているだけです」“I'm just browsing.”、または“I'm just looking.（私はただ見ているだけです）”と言ってください。

SKIT 7

A I'd like to look at ～s.　～を見たいのですが

見たいものはひとつではなく、いろいろなものを見たいわけですから、“～”は複数形にしましょう。だから、“I'd like to look at some women's sweaters.”となります。

B Do you have anything in ～?　～色のものはありませんか？

「in ～色」は、色違いのものを探しているときに、とても便利な言い方です。「色違いのものはありませんか？」と尋ねたい場合は、“**Do you have** あなた方はお持ちですか？ **this** これを **in a different color?** 違う色の ／”が、よく使われます。

C May I try it on?　試着してもいいですか？

これは、よく使う表現です。注意しなくてはいけないのは、複数形の場合です。ズボン（pants、slacks、trousers、jeans）や靴（shoes）などのように左右1ペア（pair）でひと揃えのものは、ひとつでもふたつとして考えます。そのときは、“**May I try** 私は試してもいいですか？ **them** それらを **on?** 身につけて ／”となります。

Speaking Lesson
4ステップ・スピーキング

●電話・Telephone

A 国際部の坂本様とお話してもいいですか？

May I speak to **Mr. Sakamoto in the overseas division**, please?

私はお話してもいいですか？ ➡ May I speak
坂本様と ➡ to Mr. Sakamoto
国際部の ➡ in the Overseas division,
お願いします ➡ please? ／

B どちら様でしょうか？

May I ask who's calling?

お尋ねしてもよろしいですか？ ➡ May I ask
どちら様がお電話をしているか ➡ who's calling? ／

C （電話を切らずに）そのままお待ちください。

Please hold the line**.**

お願いします ➡ Please
そのままにしてください ➡ hold
回線を ➡ the line. ／

D 後程かけ直します。

I'll call back **later.**

私は電話をかけます ➡ I'll call
折り返し ➡ back
後で ➡ later. ／

E 伝言をお願いできますか？

May I leave a message?

私は残してもいいですか？ ➡ May I leave
メッセージを ➡ a message? ／

F 番号をお願いできますか？

May I have your number, please?

持ってもいいですか？ ➡ May I have
あなたの番号を ➡ your number,
お願いします ➡ please? ／

G ごめんなさい。番号が間違ってますよ。

I'm sorry, you have the wrong number.

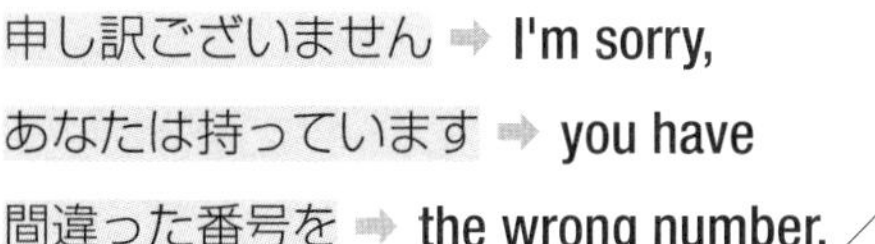

申し訳ございません ➡ I'm sorry,
あなたは持っています ➡ you have
間違った番号を ➡ the wrong number. ／

● レストランで・At the restaurant

A メニューをいただけますか？

May we have **some menus, please**?

私達は持ってもいいですか？ ➡ May we have

メニューを ➡ some menus,

お願いします ➡ please? ／

B ご注文はお決まりでしょうか？

Are you ready to order?

あなたは用意ができていますか？ ➡ Are you ready

注文をする ➡ to order? ／

C ステーキの焼き加減はどのようにしますか？

How would you like your steak?

どのように ➡ How

あなたはお望みですか？ ➡ would you like

あなたのステーキを ➡ your steak? ／

● 買い物・Shopping ································ Day2 19

A ただ見ているだけです

I'm just looking.

私はただ見ているだけです ➡ I'm just looking. ／

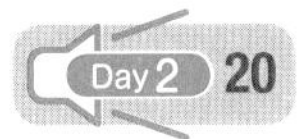

B 婦人用のセーターを見たいのですが。

I'd like to look at some women's sweaters.

私は見たいのですが ➡ I'd like to look at

婦人用のセーターを ➡ some women's sweaters. ／

C 色違いのものはありませんか？

Do you have this in a different color?

あなた方はお持ちですか？ ➡ Do you have

これを ➡ this

違う色の ➡ in a different color? ／

D 試着してもいいですか？

May I try it on?

私は試してもいいですか？ ➡ May I try

それを ➡ it

身につけて ➡ on? ／

Check this out!

身につければ日常会話は完ぺき!

ボキャブラリー＆構文②

ページの左側に英語を、右側に日本語を載せていますので、どちらかを隠して覚えているか確認していきましょう。

わからなかったものには、左側の□マークにチェック（✓）を入れます。これをわからないボキャブラリーや構文がなくなるまで行いましょう。

□ Hello	□ もしもし
□ May I speak to ～, please ?	□ ～様をお願いします
□ who's calling?	□ だれがかけていますか?
□ This is ～ (名前)	□ こちらは～です
□ hold the line	□ (電話を切らずに) そのままお待ちください
□ I'm afraid	□ 恐れ入ります
□ he's out	□ 彼は外出中です
□ He'll be back	□ 彼は戻ってくるでしょう
□ in ～	□ ～後に
□ I'll call back ～	□ かけ直します
□ May I leave a message?	□ 伝言をお願いできますか?
□ certainly	□ はい／かしこまりました
□ ask ～ to call me back	□ 折り返しお電話いただけるようにお願いします
□ May I have your number, please?	□ 番号をお願いできますか?
□ You have the wrong number.	□ 番号が違いますよ
□ May we have ～?	□ ～をいただけますか?
□ Are you ready to order?	□ ご注文はお決まりですか?
□ I'll have ～.	□ 私は～をいただきます
□ How would you like your steak?	□ ステーキの焼き加減はどのようにしますか?
□ May I help you?	□ いらっしゃいませ
□ I'm just browsing.	□ ただ見ているだけです
□ I'd like to look at ～s.	□ ～を見たいのですが
□ Do you have anything in ～?	□ ～色のものはありませんか?
□ May I try it on?	□ 試着してもいいですか?

第3日目

郵便局、美容院、家計

郵便局、美容院での英会話は、英語圏で実際に生活してみないとなかなか体験できませんね。今回は、実際のメアリーの会話を通して、郵便局、美容院の英会話を体験してみましょう。郵便物の出し方や美容院の予約、受付での会話など、重要ボキャブラリーが満載です。また、ロバートとメアリーの家計の会話から、請求書やお金に関する簡単なボキャブラリーを学びましょう。

いずれも、日常会話でよく使われる重要なボキャブラリーや重要な言い回しがたくさん出てきます。

まずは、5ステップ・リスニングでマスターしていきましょう。

●郵便局で・At the post office

SKIT 1 手紙を送りたいのですが
I'd like to send these letters.

Postal Clerk 郵便局員 (P.C.) May I help 私がお手伝いしてもいいですか？ you? あなたを（➡いらっしゃいませ）／

Mary Yes, please. はい、お願いします ／ I'd like to send 送りたいのですが these letters これらの手紙を to America アメリカへ by registered mail. 書留郵便で ／

P.C. They're それらはなります 500 yen 500円に each. それぞれ ／ That'll be なるでしょう 1,000 yen 1,000円に altogether, 全部一緒で please. お願いします ／

Mary I would also like to send 私はまた送りたいのですが this parcel この小包を to the United States. アメリカへ ／

P.C. Would you like to send あなたはお送りすることを望みますか？ it それを by airmail or surface mail? 航空便ですか、または船便ですか？ ／

Mary By airmail, please. 航空便でお願いいたします ／

P.C. All right. かしこまりました ／ Please お願いします fill out 記入してください this declaration form この申請書を for customs. 税関用に ／ Could you also write あなたはまた書いていただけますか？ the contents 中身を of the parcel, 小包の and そして the value 価値を of the contents その中身の right here? ちょうどここに ／

Mary All right. わかりました ／ Here you are. はいどうぞ ／

P.C. Thank you very much. ありがとうございます ／ That'll be それはなるでしょう 1,500 yen, 1,500円に please. お願いします ／

● 美容院で・At the hair salon

SKIT 2 予約をしたいのですが I'd like to make an appointment.

Hairdresser (H.D.) Good morning, おはようございます "Lucy's Parlor". ルーシーズパーラーです ／ How どのように may I help 私はお手伝いしたらよいですか？ you? あなたを ／

Mary Hello, もしもし I'd like to make したいのですが an appointment 予約を for tomorrow afternoon, 明日の午後に please. お願いします ／

H.D. Certainly. かしこまりました ／ Would two o'clock be alright? 2時は大丈夫ですか？ ／

Mary　Yes, はい that's fine. 結構ですよ ／ And そして I'd like 私は希望します a perm, cut, wash & blow-dry and set, パーマ、カット、シャンプー・ブローとセットを please. お願いします ／

H.D.　Certainly. かしこまりました ／ May I have 私は持ってもよろしいですか？ your name, あなたの名前を please? お願いします ／

Mary　My name is Mary Jones. 私の名前はメアリージョーンズです ／

H.D.　Thank you ありがとうございます so much, どうも Ms. Jones. ジョーンズ様 ／ We'll see お会いいたします you あなたに tomorrow at 2:00 p.m. 明日の２時に ／

Mary　Thank you. ありがとう ／ Goodbye. さようなら ／

SKIT 3　パーマとカットで間違いありませんか？ A perm and cut, is that right?

Hairdresser (H.D.)　May I help 手伝ってもよろしいですか？ you, あなたを（➡いらっしゃいませ）ma'am? 奥様 ／

Mary　Yes, はい please. お願いします ／ I have 私は持っています an appointment 予約を at two o'clock. ２時に ／ The appointment is under the name 予約はその名前です of Jones. ジョーンズの ／

H.D.　Certainly, かしこまりました ma'am. 奥様 ／ Ms. Jones. ジョーンズ様 ／ A perm, cut, wash & blow-dry and set, パーマ、カット、シャンプー・ブローとセット is that right? 間違いありませんか？ ／

Mary　Yes, はい that's right. 間違いありません ／

H.D.　Come 来てください this way, こちらへ please. お願いします ／ Your hair dresser will be あなたの美容師は来ます with you あなたと一緒に shortly. もうすぐに ／

● 家計・Family budget

SKIT 4 支出を切り詰める
We need to cut down on our expenses

Mary　Here are ここにはあります our phone bills. 私達の電話料金明細が ／ Rob, ロブ it seems そのようだわ we really need to cut down 私達は切り詰める必要があります on our expenses. 私達の支出を ／ These are the bills これらが請求書です from our home phone and our cellular phones. 私達の家の電話と携帯電話のです ／ Recently, 最近 because of the cell phone bills, 携帯電話代のせいで our telephone bills have become very expensive. 私達の電話代はとても高くなりました ／ I think 私は思います we will be 私達はなるでしょう in the red 赤字に next month. 来月には ／

Robert　Well. えー ／ In that case, その場合は I'll give up 私はやめるよ my mobile phone. 私の携帯を ／ I don't really need 私は本当に必要ない mine 私のは because なぜなら I can use 私は使うことができるから the one それを from work. 仕事からの ／

Mary　I don't think 私は思いません Lisa really needs リサが本当に必要だとは hers 彼女のものを either. また ／

TIPS リサ (Lisa) は、ロバートとメアリーの娘で7 歳です。

Vocabulary & Structure Building 重要ボキャブラリー＆重要構文

●郵便局で・At the post office

SKIT 1

A registered mail　書留郵便（書留郵便で：by registered mail）

B They're ～. ／ That'll be ～.　～（金額）になります

「～（金額）になります」は、このほかに"That's ～." "They'll be ～."もよく使われます。

C each　それぞれ

D altogether　全部一緒で

E parcel　小包

「小包」を言うときの"parcel"はAmerican English（米語）、BritishEnglish（英語）の両方で使われますが、米語の場合"package"や"packet"とも言います。

F airmail　航空便

「航空便」は"airmail"で、そのほかの列車便や船便は地球の表面を通っていくmailということで、"surface（表面）mail"と言います。なお、「速達」は"express delivery" "special delivery" "express mail"などと言います。

G fill out　記入する

「フォームに記入する」は"fill in the form"、または"fill out the form"と言います。よく使う表現なので覚えておきましょう。

H declaration form　申請書

「申請する」は、"declare"です。空港の税関（customs）で、「申請するものはありますか？」というのは、"Do you have anything to declare?"と言います。

I Here you are.　はい、どうぞ

「はい、どうぞ」は、"Here you are."のほかに、"There you go."や"Here you go."があります。

美容院で・At the hair salon

SKIT 2

A make an appointment　予約をする

B perm　パーマ

C wash & blow-dry　シャンプー・ブロー

SKIT 3

A have an appointment　予約をしてあります

B under the name of ～（名前）　～の名前で

家計・Family budget

SKIT 4

A phone bill　電話料金明細／電話料金請求書

B cut down　切り詰める

C home phone　固定電話

「固定電話」のことを、British English（英語）では"land line"とも言います。

D cellular phone ／ cell phone　携帯電話

「携帯電話」は、American English（米語）では"cellular phone"、または"cell phone"と言いますが、British English（英語）では"mobile phone"と言います。

E be in the red　赤字である

F give up ～　やめる

Speaking Lesson
4ステップ・スピーキング

● 郵便局で・At the post office

A 私はこの小包を、アメリカへ航空便で送りたいのですが。

I would like to send this parcel to the United States by airmail.

私は送りたいのですが ➡ I would like to send
この小包を ➡ this parcel
アメリカへ ➡ to the United States
航空便で ➡ by airmail. ／

B 税関用にこの申請書を記入してください。

Please fill out this declaration form for customs.

お願いします ➡ Please
記入してください ➡ fill out
この申請書を ➡ this declaration form
税関用に ➡ for customs. ／

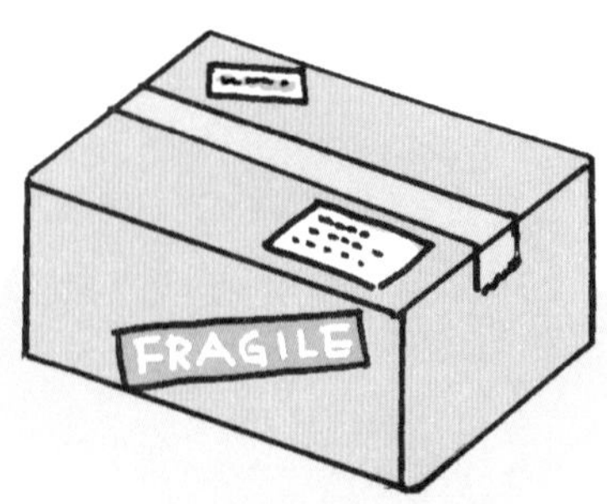

● 美容院で・At the hair salon …………………… Day3 7

A 明日の午後に予約をしたいのですが。

I'd like to make an appointment for tomorrow afternoon, please.

したいのですが ➡ I'd like to make

予約を ➡ an appointment

明日の午後に ➡ for tomorrow afternoon,

お願いします ➡ please. ／

B パーマ、カット、シャンプー・ブローとセットをお願いします。

I'd like a perm, cut, wash & blow-dry and set, please.

私は希望します ➡ I'd like

パーマ、カット、シャンプー・ブローとセットを
➡ a perm, cut, wash & blow-dry and set,

お願いします ➡ please. ／

C 私は午後2時に、ジョーンズという名前で予約をしてあります。

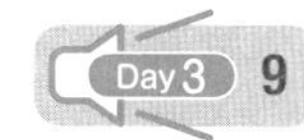

I have an appointment at two o'clock. It's under the name of Jones.

私は持っています ➡ I have

予約を ➡ an appointment

2時に ➡ at two o'clock. ／

予約はその名前です ➡ It's under the name

ジョーンズという ➡ of Jones. ／

● 家計・Family budget

A 私達の電話料金明細が、ここにあります。

Here are our phone bills.

ここにはあります ➡ Here are

私達の電話料金明細が ➡ our phone bills. ／

B 私達は、支出を切り詰める必要があります。

We really need to cut down on our expenses.

私達は切り詰める必要があります ➡ We really need to cut down

私達の支出を ➡ on our expenses. ／

C これらが、私達の家の電話と携帯電話の請求書です。

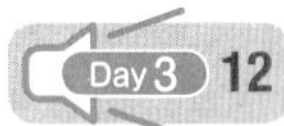

These are the bills from our home phone and our cell phones.

これらが請求書です ➡ These are the bills

私達の家の電話と携帯電話のです
➡ from our home phone and our cell phones. ／

D 来月には、私達の家族の生活費は赤字になるでしょう。

Our family budget will be in the red next month.

私達の家族の生活費は赤字になるでしょう
➡ Our family budget will be in the red

来月には ➡ next month. ／

Check this out!

身につければ日常会話は完ぺき!

ボキャブラリー＆構文③

ページの左側に英語を、右側に日本語を載せていますので、どちらかを隠して覚えているか確認していきましょう。

わからなかったものには、左側の□マークにチェック（✓）を入れます。これをわからないボキャブラリーや構文がなくなるまで行いましょう。

□ registered mail	□ 書留郵便
□ They're ～. ／ That'll be ～.	□ ～（金額）になります
□ each	□ それぞれ
□ altogether	□ 全部一緒で
□ parcel	□ 小包
□ airmail	□ 航空便
□ fill out	□ 記入する
□ declaration form	□ 申請書
□ Here you are.	□ はい、どうぞ
□ make an appointment	□ 予約をする
□ perm	□ パーマ
□ wash & blow-dry	□ シャンプー・ブロー
□ have an appointment	□ 予約をしてあります
□ under the name of ～（名前）	□ ～の名前で
□ phone bill	□ 電話料金明細／電話料金請求書
□ cut down	□ 切り詰める
□ home phone	□ 固定電話
□ cellular phone ／ cell phone	□ 携帯電話
□ be in the red	□ 赤字である
□ give up ～	□ やめる

COLUMN

英語上達を阻害する和製英語②
～日用品、文房具など～

ここでは、日用品や文房具についても、和製英語を見ていきましょう。
「段ボール箱」は、英語で“cardboard box”です。「ビニール袋」は、英語で“plastic bag”と言います。
「オルゴール」は“music box”、「アイマスク」は“sleeping mask”です。
「キーホルダー」は、英米人が聞くと「カギを壁などに掛けておく場所」を想像します。正しい英語は“key chain”、または“key ring”です。
「ホチキス」は、じつは商標名で、英語では“stapler”、「ホチキス止めをする」は“staple”と言います。
「チャック」は「巾着」から派生した日本語で、英語では“zipper（または zip)”と言います。体重を測る「ヘルスメーター」も海外では通じません。英語では“bathroom scales”です。
「バリカン」は、英語で“hair clippers”と言います。
「ベビーカー」も英語ではありません。アメリカでは“baby carriage（赤ちゃん用)”“baby buggy（赤ちゃん用)”“stroller（小児用)”、イギリスでは“pram（赤ちゃん用)”“pushchair（小児用)”と言います。

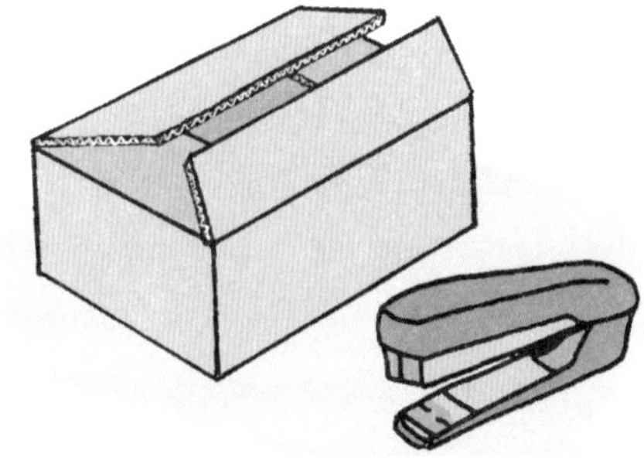

第4日目

掃除、洗濯

今回からは、ロバートとメアリーの子供達であるジェームス（James）、リサ（Lisa）、ジェフ（Jeff）も登場します。せっかくのお休み、天気もいいし、ロバートは、皆で湘南にドライブに行きたかったようです。しかし、今週ずっと、天気が悪かったこともあって、結局、お洗濯にお掃除となってしまったようです。

余暇の英会話については、第10日目で取り上げていますので、今回は、ジョーンズ家の掃除と洗濯の様子から、日常英会話の掃除や洗濯で使われるボキャブラリーや表現を「笠原メソッド」で高速INPUTしていきましょう。

●ナレーション・Narration

ジェームス、リサ、ジェフ、レックスについて
About James, Lisa, Jeff and Rex

James is Robert and Mary's son, ジェームスはロバートとメアリーの息子です and そして a high school student. 高校生です ／
Lisa is James' younger sister. リサはジェームスの妹です ／ She's seven years old. 彼女は７歳です ／
And, Jeff is James' younger brother. ジェフはジェームスの弟です ／
He's only two years old. 彼はまだ２歳です ／
Rex is their dog. レックスは彼らの犬です ／

TIPS "Jim" "Jimmy" そして "Jamie" は、すべて "James" のニックネームです。いわば、皆、"James" のことを言うのです。でも "Jeremy" や "Jerry" "Jake" "Jacob" は別です。詳しくは66 ページのコラムをご覧ください。

●掃除・Cleaning

SKIT 1 この部屋を片付けるべきだ
I should tidy up this room.

Mary What a mess! 何たる散らかりようでしょう ／ James, ジェームス your room is very messy. あなたの部屋は散らかっています ／

James I feel 僕は感じています comfortable 心地よく this way, このほうが but でも you're right, あなたは正しいです the books are not tidy 本は整頓されていない at all. 全然 ／ I think 僕は思います I should tidy up 僕は片付けるべきだと this room. この部屋を ／

Mary　I think 私は思います you should clean it up. あなたはそれを掃除するべきだと ／ First, 初めに will you tidy up 片付けてもらえる？ the books, その本を James? ジェームス ／ Then, それから I will help 私は手伝いましょう you vacuum あなたが掃除機をかけるのを the floor. 床に ／ Could you mop モップがけしてもらえる？ the floor, 床を Rob? ロブ ／

Robert　Sure, いいよ I will. 私がするよ ／ Oh, わあ it's stuffy 空気がよどんでるね in this room. この部屋の中は ／

Mary　Yeah. そうね ／ It's dusty, too. それはまたホコリっぽいし ／ James, ジェームス open 開けてね the windows, 窓を please. お願い ／

SKIT 2　家を掃除しよう Let's clean up the house.

Mary　Rob, ロブ the tap is leaking. 水道の水が漏れているわ ／ Could you call 電話してくれない？ the plumber? 配管工に ／

Robert　Sure, いいよ but でも let させて me 私に check チェックするのを the pipe and the faucet そのパイプと蛇口を first. まず初めに ／
Oh, ああ I should call 私が電話すべきだね the plumber. 配管工に ／

Mary　Let's clean up お掃除しましょう the house. お家を ／ Will you help あなたは手伝ってくれますか？ me 私を Lisa? リサ ／

Lisa OK. わかったわ ／ I'll sweep and vacuum 私が掃いて掃除機をかけるわ the floors. 床に ／ Mom, ママ our dish washing detergent 私達の台所洗剤が is running out, なくなってきているわ so それで when ときに we go 私達が行く（ときに） grocery shopping 食料雑貨品の買い物に（➡スーパーに買い物に行くときに） we should buy 私達は買うべきだわ some more. いくらかもっと ／

Mary All right. わかったわ ／

Robert It looks like we have started 私達は始めたようだね the spring cleaning 大掃除を already. すでに ／

SKIT 3 オムツを替えないと I have to change his diapers.

Mary Do you want to pee? おしっこしたい？ ／ It's time 時間ですよ to go wee-wee. おしっこをしに行く ／ Oh, ああ it's too late. 遅すぎたわ ／ I have to change 私は替えないと his diapers. 彼のオムツを ／

Robert Peek-a-boo. いないいないばあ ／ Kuchi-kuchi-koo. こちょこちょこちょ ／

James Dad, パパ will you play catch キャッチボールしない？ with me? 僕と一緒に ／

Robert Sure! いいよ ／ Let's go 行こう into the yard. 庭に ／ Have you got 持ってる？ our gloves? 私達のグローブを ／

SKIT 4 犬に餌をあげてくれない？ Can you feed the dog?

Mary　Can you feed 餌をあげてくれない？ the dog 犬に and そして take 連れていって him 彼を for a walk? お散歩に ／ And then そしてそれから water 水をあげて the plants 植物に in the garden? 庭の ／

James　Come on! おいで ／ Let's walk 散歩に行こう the dog. 犬の ／

SKIT 5 すべて終了したね All finished.

Robert　All finished. すべて終了したね ／ Let's take 取りましょう a rest. 休みを ／ Jeff, come here. ジェフ、ここへ来なさい ／ Let 's lie down 横になろう and そして take a nap 昼寝をしよう for a while! 少しの間 ／

Mary　Are you sleeping, 寝てる？ Jeff? ジェフ ／ I think 私は思うよ you are awake. あなたは起きていると ／ You are playing possum. あなたはたぬき寝入りをしているのね ／

SKIT 6 洗濯をしよう Let's do the laundry.

Robert It's それはあります a beautiful day, 美しい日で isn't it? そうじゃない? ／ I'm 私はいます in the mood 気分に for a drive ドライブに行く to Shonan beach 湘南海岸に today. 今日 ／

Mary That sounds それは聞こえます like a good idea, よいアイデアのように but しかし we've got 私達は持っています so much laundry たくさんの洗濯物を to do すべき because なぜなら it's been raining ずっと雨が降っていたから for the past week. 過去 1 週間の間 ／

Robert OK, 大丈夫 let's do the laundry 洗濯をしましょう first, 初めに and then そしてそれから go for a drive. ドライブに行きましょう ／

Mary All right. 了解 ／ Now, それじゃ I'm going to wash 私は洗います our wool sweaters 私達のウール（毛糸）のセーターを by hand 手で in lukewarm water. ぬるま湯で ／ So, それで could you put 置いていただけますか? the other laundry そのほかの洗濯物を in the washing machine? 洗濯機の中に ／ Then, それから turn it on. それのスイッチを入れてください ／ After that, その後で put the detergent in, その洗剤を入れてください please. お願いします ／

Robert Sure, わかったよ I'll do 私はします it それを right away! 今すぐに ／

SKIT 7 干すのを手伝って Will you help me hang out the washing?

SKIT 7-A

Robert The washing has finished, その洗濯は終了しました Mary. メアリー ／

Mary Okay. 了解 ／ Will you help 手伝ってもらえますか？ me 私が hang out 干すのを the washing 洗濯物を to dry? 乾かすために ／ Oh, あら wait! 待って ／ It may rain 雨が降るかもしれないわ at any moment. いつでも ／

Robert Don't worry. 心配しないで ／ According to the weather forecast, 天気予報によると it should be sunny 晴れだそうだよ this afternoon, 午後は and そして the chance 可能性は of rain 雨の is あります only 10%. たった 10% ／

SKIT 7-B

Mary Rob, ロブ will you help あなたは手伝ってくれる？ me 私が bring in 取り込むのを the laundry? 洗濯物を ／

Robert Sure. いいよ ／ But だけど could you iron アイロンがけしてくれない？ my dress shirts? 私のワイシャツを ／

Mary You should take あなたは持っていくべきだわ them それらを to the dry-cleaner's クリーニング店に instead. その代わりに ／ Will you help あなたは手伝ってくれる？ me 私が fold up 畳むのを the clothes, 服を Lisa? リサ ／

Vocabulary & Structure Building
重要ボキャブラリー＆重要構文

●ナレーション・Narration

A high school student　高校生

B younger sister　妹

C younger brother　弟

●掃除・Cleaning

SKIT 1

A mess　散らかり

B messy　散らかって

C feel comfortable　心地よく感じている

D be tidy　整頓されている

American English（米語）では“tidy”はあまり使われず、“clean”で代用されることが多くなっています。

E tidy up　整頓する／片付ける

F clean up　掃除する

G vacuum the floor　床に掃除機をかける

H mop the floor　床をモップがけする

“sweep the floor”は「床を掃く」です（次ページのSKIT 2 F 参照）。

I stuffy　（換気してなくて）空気がよどんでいる

J dusty　ホコリっぽい

K open the window　窓を開ける

SKIT 2

A **tap**　蛇口

B **leak**　漏れる

「漏れる」にはさまざまな言い方があります。
“The tap is leaking.（水道の蛇口の水が漏れているわ）” ＝ “Water is leaking from the tap.”
また“Water is leaking from the pipes.（パイプから水が漏れている）”や“The sink is leaking.（シンクが漏れている）”などのようにも使われます。

C **plumber**　配管工／水道屋さん

D **pipe**　管／パイプ

E **faucet**　蛇口

「蛇口」は、Americana English（米語）では“faucet”と言い、British English（英語）では“tap”または“water tap”と言います。

F **sweep the floor**　床を掃く

“mop the floor”は「床をモップがけする」です（前ページのSKIT 1 H 参照）。

F **dish (washing) detergent**　台所洗剤

「台所洗剤」をAmerican English（米語）では“dish (washing) detergent”や“dish soap”と言い、British English（英語）では“washing-up liquid”と言います。

G **run out**　使い果たす

H **grocery**　食料雑貨品

I **spring cleaning**　大掃除

SKIT 3

A **pee**　おしっこをする

B **go wee-wee**　（子供が）おしっこをしに行く

「(子供が)うんちをする」は、"poo"と言います。
「おしっこをする」には、汚い言い方に"piss"などがありますが、使わないほうがいいでしょう。それ以外の大人の場合は、"go to the bathroom.(お手洗いに行く)"と言います。

C **diaper**　オムツ

ここで、一言「米語と英語の違い」をお伝えしましょう。
トイレ：bathroom(米語)、washroom(米語)、toilet(英語)
オムツ：diaper(米語)、nappy(英語)

D **Peek-a-boo**　いないいないばあ

E **Kuchi-kuchi-koo**　こちょこちょこちょ

子供をあやす遊びとして"Peek-a-boo.(いないいないばあ)"や"Kuchikuchi-koo.(こちょこちょこちょ)"などがあります。

F **play catch**　キャッチボールをする

SKIT 4

A **feed**　食べさせる

「餌をあげる」「食べさせる」は、"feed"を使います。彼らが飼っている犬の名前(レックス：Rex)を使って、"Can you feed Rex?"、または"Can you feed the dog?"と言います。

B **take ～ for a walk**　～を散歩に連れて行く

"walk the dog(犬を歩かせる)"が転じて、「犬を散歩に連れて行く」という表現もあります。

Let's walk 散歩に行こう **Rex.** レックス ／

C **water the plants**　植物に水をあげる

D garden　庭

「庭」には“yard”という言い方もありますが、違いがあります。“garden”は「植物を植えている庭」のことを言い、“yard”は「広場になって遊べる庭」のことを言います。

SKIT 5

A take a rest　休憩を取る

「休憩を取る」には、いろいろな言い方があります。“take a rest”や“take a break”は米語で、“have a rest”や“have a break”は英語です。

B come here　おいで

C lie down　横になる

D take a nap　昼寝をする

「昼寝をする」は、米語では“take a nap”で、英語では“have a nap”です。
上記の「A」の「休憩を取る」でもお伝えしましたが、米語では“take”を使いますが、英語では“have”を使うことが多いです。チョコレート菓子の「キットカット」のCMでも、“Have a break, have a Kit-kat.”というのがありましたよね。そうです。あれはイギリスで作られたCMです。アメリカ人には合点がいかないフレーズです。

E for a while　少しの間

F be awake　起きている

G play possum　うそ寝をする／たぬき寝入りをする

“play possum”には、「うそ寝をする／たぬき寝入りをする」のほかに、「死んだふりをする」という意味もあります。

●洗濯・Laundry

SKIT 6

A in the mood for ～　～の気分で

「～したい気分だな」と言いたいときに"in the mood to ～ "も使います。"in the mood for ～ "と"in the mood to ～ "は、どちらも意味は同じですが、後に「名詞（動名詞を含む）」を従えるか、「動詞」を従えるかという違いがあります。

○ in the mood for ＋名詞（動名詞を含む）

（例）今晩はイタリアンが食べたいな。

I'm 私はいます in the mood 気分に for Italian, イタリアンの tonight. 今晩は ／

○ in the mood to ＋動詞の原形

（例）今、家でビデオを観たい気分だな。

I'm 私はいます in the mood 気分に to watch 観る a video ビデオを at home. 家で ／

B laundry　洗濯物

「洗濯物」は、米語では"laundry"と言い、英語では"washing"と言います（次ページのSKIT 7-A B 参照）。

C do the laundry　洗濯をする

D wool　毛糸／ウール

E by hand　手で

F lukewarm　ぬるい

G put ○○ in ～　○○を～に置く

H washing machine　洗濯機

I turn on　スィッチを入れる

J detergent　洗剤

K right away　すぐに

SKIT 7-A

A **hang out**　（洗濯物を外に）干す

“hang out”は「友人とぶらつく」という意味でもよく使われますが、「（洗濯物を外に）干す」という意味でもよく使われます。「洗濯物を干す」には、“put out”も使われます。

B **washing**　洗濯物

「洗濯物」は、英語では“washing”で、米語では“laundry”です（前ページのSKIT 6 B 参照）。

C **according to ～**　～によると

D **chance**　可能性

SKIT 7-B

A **bring in the laundry**　洗濯物を取り込む

B **iron**　アイロンがけをする

C **take**　持っていく

D **dry-cleaner's**　クリーニング店

E **fold up**　畳む／折る

“fold up（畳む）”と、“up”をつけると英語っぽい言い方になります。米語の場合、「畳む」は“fold”だけでもOKです。

Speaking Lesson
4ステップ・スピーキング

●掃除・Cleaning

Day 4 10

A 私は、あなたが床に掃除機をかけるのを手伝いましょう。

I will help you vacuum the floor.

私は手伝いましょう ➡ I will help
あなたが掃除機をかけるのを ➡ you vacuum
床に ➡ the floor. ／

B ロブ、床をモップがけしてくれない？

Day 4 11

Could you mop the floor, Rob?

モップがけしてもらえる？ ➡ Could you mop
床を ➡ the floor,
ロブ ➡ Rob? ／

C この部屋の空気はよどんでるね。

Day 4 12

It's stuffy in this room.

空気がよどんでるね ➡ It's stuffy
この部屋の中は ➡ in this room. ／

Day 4 13

D 蛇口の水が漏れているわ、配管工に電話してくれない？

The tap is leaking. Could you call the plumber?

蛇口の水が漏れているわ ➡ The tap is leaking. ／
電話してくれない？ ➡ Could you call
配管工に ➡ the plumber? ／

●洗濯・Laundry

A 私はドライブに行きたい気分です。

I'm in the mood for a drive.

私はいます ➡ I'm

気分に ➡ in the mood

ドライブの ➡ for a drive. ／

B 初めに洗濯をして、それからドライブに行きましょう。

Let's do the laundry first, and then go for a drive.

洗濯をしましょう ➡ Let's do the laundry

初めに ➡ first,

そしてそれから ➡ and then

ドライブに行きましょう ➡ go for a drive. ／

C 私が、ウールのセーターを、ぬるま湯で手洗いします。

Day 4 16

I will wash our wool sweaters by hand in lukewarm water.

私は洗います ➡ I will wash

私達のウール（毛糸）のセーターを ➡ our wool sweaters

手で ➡ by hand

ぬるま湯で ➡ in lukewarm water. ／

D 洗濯物を洗濯機に入れてもらえますか？

Could you put the other laundry in the washing m

置いていただけますか？ ➡ Could you put

そのほかの洗濯物を ➡ the other laundry

洗濯機の中に ➡ in the washing machine? ／

E 洗濯物を干すのを手伝ってくれない？

Will you help me hang out the laundry?

手伝ってもらえますか？ ➡ Will you help
私が ➡ me
干すのを ➡ hang out
洗濯物を ➡ the laundry? ／

F 洗濯物を取り込むのを手伝ってくれない？

Will you help me bring in the laundry?

手伝ってくれない？ ➡ Will you help
私が ➡ me
取り込むのを ➡ bring in
洗濯物を ➡ the laundry? ／

G 私のワイシャツをアイロンがけしてくれない？

Could you iron my dress shirts?

アイロンがけしてくれない？ ➡ Could you iron
私のワイシャツを ➡ my dress shirts? ／

H あなたはそれらをクリーニング店に持っていくべきだわ。

You should take them to the dry-cleaner's.

あなたは持っていくべきだわ ➡ You should take
それらを ➡ them
クリーニング店に ➡ to the dry-cleaner's. ／

I リサ、服を畳むのを手伝ってくれませんか？

Will you help me fold up the clothes, Lisa?

手伝ってもらえませんか？ ➡ **Will you help**

私が ➡ **me**

畳むのを ➡ **fold up**

服を ➡ **the clothes,**

リサ ➡ **Lisa?** ／

COLUMN

英語で謝る／許す／仲直りする

◇ Making apologies（謝る）

知らないうちに人を傷つけていることもあるかもしれません。そんなときのために、謝るための、許してもらうための表現を覚えておきましょう。

I'm really sorry!「本当にごめんなさい」

Will you ever forgive me?「許してくれますか？」

Won't you forgive me?「許してくれない？」

Forgive me for being so rude.「とても失礼でした。ごめんなさい」

Forgive me for being so silly.「とてもバカでした。ごめんなさい」

◇ Accepting apologies!（謝られたら「いいよ。気にしないで」）

反対に、謝られて、許してあげるときの有効な表現も覚えておきましょう。

No worries!　Don't worry about it ！「心配しないで！」

Let's forget it!「忘れましょう！」

Never mind!「気にしないで！」

Of course I forgive you.「もちろん、許すさ！」

◇ Let's make up!（仲直りしよう！）

さあ、次の段階は、仲直りです！　以下の２つはよく使われますので、覚えちゃいましょう。

Let's make up!「仲直りしよう！」

Let's be friends again!「再び友達になろう ⇒ 仲直りしよう！」

Check this out!

身につければ日常会話は完ぺき！

ボキャブラリー＆構文④

ページの左側に英語を、右側に日本語を載せていますので、どちらかを隠して覚えているか確認していきましょう。

わからなかったものには、左側の□マークにチェック（✓）を入れます。これをわからないボキャブラリーや構文がなくなるまで行いましょう。

□ high school student	□ 高校生
□ younger sister	□ 妹
□ younger brother	□ 弟
□ mess	□ 散らかり
□ messy	□ 散らかって
□ feel comfortable	□ 心地よく感じている
□ be tidy	□ 整頓されている
□ tidy up	□ 整頓する／片付ける
□ clean up	□ 掃除する
□ vacuum the floor	□ 床に掃除機をかける
□ mop the floor	□ 床をモップがけする
□ stuffy	□ （換気してなくて）空気がよどんでいる
□ dusty	□ ホコリっぽい
□ open the window	□ 窓を開ける
□ tap	□ 蛇口
□ leak	□ 漏れる
□ plumber	□ 配管工／水道屋さん
□ pipe	□ 管／パイプ
□ faucet	□ 蛇口
□ sweep the floor	□ 床を掃く
□ dish (washing) detergent	□ 台所洗剤
□ run out	□ 使い果たす
□ grocery	□ 食料雑貨品
□ spring cleaning	□ 大掃除
□ pee	□ おしっこをする
□ go wee-wee	□ （子供が）おしっこをしに行く
□ diaper	□ オムツ

□ Peek-a-boo	□ いないいないばあ
□ Kuchi-kuchi-koo	□ こちょこちょこちょ
□ play catch	□ キャッチボールをする
□ feed	□ 食べさせる
□ take ～ for a walk	□ ～を散歩に連れて行く
□ water the plants	□ 植物に水をあげる
□ garden	□ 庭
□ take a rest	□ 休憩を取る
□ come here	□ おいで
□ lie down	□ 横になる
□ take a nap	□ 昼寝をする
□ for a while	□ 少しの間
□ be awake	□ 起きている
□ play possum	□ うそ寝をする／たぬき寝入りをする
□ in the mood for ～	□ ～の気分で
□ laundry	□ 洗濯物
□ do the laundry	□ 洗濯をする
□ wool	□ 毛糸／ウール
□ by hand	□ 手で
□ lukewarm	□ ぬるい
□ put ○○ in ～	□ ○○を～に置く
□ washing machine	□ 洗濯機
□ turn on	□ スイッチを入れる
□ detergent	□ 洗剤
□ right away	□ すぐに
□ hang out	□ （洗濯物を外に）干す
□ washing	□ 洗濯物
□ according to ～	□ ～によると
□ chance	□ 可能性
□ bring in the laundry	□ 洗濯物を取り込む
□ iron	□ アイロンがけをする
□ take	□ 持っていく
□ dry-cleaner's	□ クリーニング店
□ fold up	□ 畳む／折る

COLUMN

ピンチの友人を英語で救おう！ ＆ 英語で言い訳！

◇ Console（慰める）

最近、仲良くなったお友達が泣いています。そんなときは落ち着いて次のように声をかけましょう。

以下の表現に、Please「お願いだから」（丁寧に言う意味もあります）をつけて言うといいでしょう。“Don't be upset!（困らないで）” “Don't be sad!（悲しくならないで）” “Don't cry!（泣かないで）” などです。

その後、“There, there...（ほらほら…）” とつづけて「涙をふいて」という意味の “Wipe away your tears!” や “Dry your eyes!”、また、“Let's see a smile.（笑顔を見せて）” “Blow your nose!（鼻をかんで！）” など、やさしく言ってあげましょう！

◇ Making Excuses!（言い訳）

アメリカでは、うっかりと口が滑って、“swear words（汚い言葉）” を言ってしまった場合、“Excuse my French!” と言います。「フランス語が下手なんでごめんなさい」ということですが、なんだか、フランス語が汚い言葉のような表現で、失礼な気もしますね。でも、よく使われます！

この表現も言い訳のひとつですが、もっと一般的な言い訳の言い方を覚えておきましょう！

I didn't mean to hurt your feelings!「君を傷つける気はなかったんだ」
I didn't mean what I said!「そういう意味じゃなかったんだ」
I said the wrong thing!「間違ったことを言ったわ」
I didn't mean it!「そういう意味じゃなかったの」
Believe me!「信じてください」
I wasn't serious!「本気じゃなかった」
I was just joking!「ほんの冗談です」
I wasn't thinking!「（あんまり）考えてなかった」
I lost my head!「頭を失った」⇒「ちゃんと考えてなかった」

料理、食事の時間

今回は料理編です。ロバートとメアリーだけでなく、彼らの子供達であるジェームス（James）やリサ（Lisa）も協力します。家族みんなで料理をするときの会話から、料理に必要なボキャブラリー、そして料理の仕方を説明する表現方法を覚えましょう。
また、料理したものを食べるシーンもありますので、食事するときによく使われるボキャブラリーも満載です。
まずは、ストーリーを通して、重要事項を5ステップ・リスニングで高速INPUTしていきましょう。

Story Listening 5ステップ・リスニング

●料理・Cooking

SKIT 1 サンドイッチを作る I will make some sandwiches

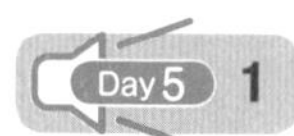

Mary　Do you think あなたは思いますか？ I should prepare 私が作るべきだと lunch 昼食を or または shall we eat 私達は食事しましょうか out? 外で ／

Robert　You look tired. あなたは疲れているように見えるよ ／ Don't worry. 気にしないで ／ Just ただ relax. リラックスして ／ I will make 私が作るよ some sandwiches. サンドイッチを ／ I'll also cook 私はまた料理しましょう some cabbage soup and lasagna. キャベツスープとラザニアを ／

Mary　Oh, ええ that sounds それは聞こえます yummy. おいしそうに ／ Thanks. ありがとう ／ You are so considerate. あなたはとても思いやりがあるのですね ／

SKIT 2 夕食を作る I'll cook dinner.

Mary　I'll cook 私が料理しましょう dinner. 夕食を ／ So, それで what 何を would you like to have? 食べることを望みますか？ ／

Robert　Well, うーん it's up to you. それはあなた次第です ／ The kids and I will help 子供達と私はお手伝いするよ you あなたが cook 料理するのを dinner. 夕食を ／

SKIT 3

手伝ってもらえる？
Will you help me?

Day 5 3

Mary Will you help 手伝ってもらえませんか？ me 私が peel 皮をむくのを the potatoes? そのジャガイモの ／

Robert Sure. いいよ ／ But, でも I'm not good 私は得意ではありません at using 使うのが knives, ナイフを so, それで I need 私は必要です the peeler. ピーラーが ／ Do you know あなたは知っていますか？ where どこに it is? それがあるのかを ／

Mary It's それはあります in the top drawer 一番上の引き出しに of the left hand side cabinet. 左側のキャビネットの ／ Rob, ロブ could you chop 切ってもらってもいい？ these onions これらのタマネギを after 後で you peel あなたが皮をむく the potatoes? そのジャガイモの ／ I hate 私は嫌いです chopping 切るのが onions. タマネギを ／ I can't help 私はやめられません crying. 泣くのを ／ I'll slice 私がスライスしましょう the ham ハムを instead. その代わりに ／

Robert OK. 大丈夫 ／ Oh, ああ I can't believe 信じられないよ I cut 私は切っちゃった myself 自分自身を with this peeler. ピーラーで ／

SKIT 4 作り方を教えて？ Will you teach me how to make it?

SKIT 4-A

Mary　Lisa, リサ could you come 来てもらえる？ here? こっちに ／ I'll teach 私は教えましょう you あなたに how to beat 溶き方を the eggs そのタマゴの with a whisk. 泡立て器で ／ It's fun! 楽しいよ ／

Lisa　OK, Mom! はい、ママ ／ I'm coming! 今行きます ／

Robert　I'd like to fry 私は焼きたいです this fish この魚を with butter. バターで ／ Where is どこにありますか？ the spatula? そのヘラは ／

Mary　It's hanging up それはかかっています on the kitchen wall. キッチンの壁に ／ But でも that is nice cod, それはいいタラね so それだと I'd rather have 私はすることをより好みます it それを broiled or grilled. 照り焼きか網焼きで ／

SKIT 4-B

James　Your soup is always tasty, あなたのスープはいつもおいしい Dad. お父さん ／ Will you teach 教えてもらえますか？ me 僕に how to make ／ どうやって作るのか it? それを ／

Robert　Sure. いいよ ／ I'll show 見せるね you お前に how. どうするのかを ／ First of all, まず何よりも初めに chop 切ってください the cabbage そのキャベツを on the chopping board まな板の上で and そして put 入れてください it それを in the pan. 鍋に ／
Then それから put in 入れてください some beans. いくらかの豆を ／
After that, その後で cover フタをしてください the pot その鍋に like this, このように and そして simmer とろ火でとろとろ煮てください until the beans are soft. 豆がやわらかくなるまで ／ It usually takes それは通常かかります about 15 minutes. およそ 15 分間 ／

SKIT 4-C

James　Dad! お父さん ／ The pot is boiling over! 鍋が吹きこぼれているよ ／

Robert　Oh, right. ああ、そうだね ／ Let's turn the heat down 熱を下げよう a bit. 少し ／ After 後で it has finished boiling, それが煮えた（後で）take 取ってください the lid off. フタをはずして ／ Finally, 最後に taste 味見して the stew その鍋を to see 見るために how どのように it's seasoned. それが味付けされているかを ／ Mary, メアリー will you taste 味見してくれない？ it それを to see 見るために if it's seasoned 味付けされているかどうか right? 正しく ／

Mary　All right! わかったわ ／ A little more salt and pepper will give あともう少しのお塩とコショウが与えるでしょう it それに more flavor. もっと味を ／

Robert　Well, うーん I've got 私は持っている an idea. あるアイデアを ／ What 何を do you think あなたは思いますか？ of adding 足すことを a little bit 少しを of ginger and garlic? ショウガとニンニクの ／ I'll grate 私がおろします some ginger and garlic いくらかのショウガとニンニクを now. 今 ／

●食事の時間・Meal time

SKIT 5　いただきます

Grace! Thank you for the food we eat! ／ Let's start eating!

Robert　Let's say 一緒に言おう grace! 恵みを！ ／ Thank you ありがとうございます for the food 食べ物に we eat！私達が食べる ／ Thank you ありがとうございます for the world 世界に so sweet! こんなにやさしい ／ Thank you ありがとうございます for the birds 鳥達に that sing! そしてそれらは歌う ／ Thank you ありがとうございます God 神様 for everything! すべてに（➡食事を食べるときの決まり文句）／ OK, let's eat! いいよ、それでは食べましょう ／

James　This lasagna is really good. このラザニアは本当においしい ／ What are 何ですか？ the ingredients? その材料は ／

Mary　It has それは持っている tomatoes, cheese, meat sauce and so forth トマト、チーズ、ミートソースなどを in it. その中に ／

SKIT 6 おいしそう It looks yummy.

Robert　What is 何ですか？ that delicious smell? そのおいしそうなにおいは ／ I'm 私はいます in the mood 気分に for dessert デザートの even though I 'm on a diet . ダイエット中なのだけれども ／

James　Actually, 実は I baked 僕は焼きました a pound cake. パウンドケーキを ／ Do you wanna try 味見したいですか？ some? いくらか ／

Lisa　It looks それは見えます so yummy. 大変おいしそうに ／

TIPS "wanna = want to" です。会話ではしばしばこのように言うのですが、もうひとつ、"I'm going to ～" を "I'm gonna ～" と言うことも、会話ではよくあります。

SKIT 7 少ししょっぱすぎない？ It's a little bit too salty, isn't it?

Lisa　This soup is sweet このスープは甘いわ and そして it's nice それはいいです but しかし it's also a little bit too salty, それはまた少ししょっぱすぎるわ isn't it? そうじゃないかしら？ ／

Mary　Oh, ああ I'm sorry. ごめんね ／ I put 私は入れました too much salt 多すぎる塩を instead of sugar 砂糖の代わりに in it その中に by mistake. 間違って ／

James This celery is fresh and crisp, このセロリは新鮮でシャキシャキしている but でも this steak is really tough and chewy. このステーキは、本当に堅くてかみごたえがある ／ However, けれども they're all tasty. それらは皆おいしい ／

Mary This salad is very nutritious このサラダは栄養があって体にいいのよ because なぜなら it's got それは持っているの a lot of healthy ingredients, たくさんの健康的な食材を like 以下のような spinach, lettuce, carrots, tomatoes and seaweed ホウレン草、レタス、ニンジン、トマト、そして海藻といったような in it. その中に ／

SKIT 8 ごちそうさまでした
That was a wonderful meal.

Robert That was a wonderful meal, それは素晴らしい食事でした and そして the cooking was fun. 料理は楽しかった ／ I hate 私は嫌いです TV dinners. 冷凍のインスタント食品が ／ Now, さて it's time 時間です for dessert. デザートの ／

Mary I baked 私は焼きました an apple pie. アップルパイを ／

Lisa I'd love to eat すごく食べたいな some, いくらかを but でも I'm on a diet. 私ダイエット中なの ／

Mary You're kidding! 冗談を言うのではありません ／ You're only seven years old. あなたはまだ７歳なのよ ／

COLUMN

チップ（tips）

日本人が旅行して、一番厄介なのがチップ（tips）の習慣でしょう。

イギリス、オーストラリア、ニュージーランド、アイルランドなども日本と同じで、チップの習慣はありません。ただ、イギリスなどでは、高級なお店ではウェイターやウェイトレスに、チップをあげることがあります。

一般的に、英語圏で、クルマが左側を走っている国には、チップはないということですね。しかし、アメリカやカナダでは、当たり前にある習慣です。なお、"tip" は、発音するとき「チップ」ではなく、「ティッ（プ）」と発音します。

さて、このチップを払わないとどうなるのでしょうか？　たぶん払わないと、そのお店では、「あのお客はチップを払わなかった」と大ニュースになります。再びそのお店に行くのは、やめたほうがいいでしょう。

また、チップを渡すタイミングは、どうすればいいのでしょうか？　チップは、店員さんのサービスに対する感謝の気持ち、心づけというのが基本的な考えですので、仕事がすんだ後に渡すものと考えてください。また、サービスの関係ないお店（たとえば、ファーストフード店など）では、基本的にチップは、必要ありません。

それでは、いくらぐらい渡すべきでしょうか？　ホテルのハウスキーピング用に枕元に置く１ドルなどは、皆さんもよく知っていると思います。それ以外の場面の例をいくつか紹介しましょう。

「レストラン」の場合は、勘定書（the bill ／ the check）の約15%です。通常は、あくまでも、自分のテーブルを担当してくれたウェイターに渡すので、会計で渡すのではなく、テーブル上に置いていきます。ただし、勘定書にすでに "gratuity（心づけ＝チップのこと）" などと書いてあるときは、その必要はありません。ただ、なかには、おつりの一部を置いていく人もいます。

「タクシー」の場合も、料金に15%を加えて、支払います。「美容院（hair salon）や床屋さん（barber）」でも、チップは必要です。シャンプーの人に１～２ドル、カット、パーマの人に２ドルが目安です。

Vocabulary & Structure Building 重要ボキャブラリー＆重要構文

●料理・Cooking

SKIT 1

A prepare ／ make ／ cook　料理する

“cook”は「熱を加えて料理する」ことだけを意味するので、サラダを作るのに“cook”は使いません。また、“make”は「料理する」という意味で使う場合、熱を使っても使わなくてもOKな言い方です。そのほかに、料理を「作る」には、“fix”を用いることがあります。料理の「支度をする（作るも含まれる）」は“prepare”を用います。

B eat out　外食する、外で食事をする

C considerate　思いやりがある

「思いやりがある」は“thoughtful”とも言います。
また、親しい人に対して「やさしい」は“sweet”を使います。
You are so sweet. あなたはとてもやさしい ／
通常の「やさしい」は“kind”です。

SKIT 2

A up to you　あなた次第

“It's up to you.（それはあなた次第です）”は、よく使われるイディオムです。覚えておきましょう。
また、似た表現で、“I'll leave it up to you.”もビジネスで、よく使われます。
“**I'll leave** 私は残します **it** それを **up to you.** あなた次第で ／”、すなわち「（もう私は手を引きますから）それは、あなたの裁量で処理してください」ということです。

SKIT 3

A **peel**　皮をむく

厳密には、「手でむく」ときは“peel”、「ナイフでむく」ときは“pare”と言われていますが、ナイフで皮をむくときでも“peel”を使うことも多くあります。

B **chop**　切る

C **slice**　スライスする

D **cut ~ self**　自分の指などを切る

SKIT 4-A

A **beat**　溶く

B **whisk**　泡立て器

C **I'm coming.**　今、行きますよ

ドアがノックされて、「今、(ドアのところに)行きますよ」と言うときや、呼ばれて、「今、行きますよ」と言うときは、自分から見ると確かに「行く」“go”なのですが、相手という対象に近づいていくので、“come”になります。そのため“come”を使って、“I'm coming”と言います。ですから、もし“I'm going”と言うと、私は、これから、ドアから離れて別の方に行くから、という意味になります。要注意ですね。

D **fry**　焼く

日本人は“fry”を「(油で)揚げる」という意味に考えがちですが、実は「揚げる」は“deep fry”で、“fry”は「(鉄板の上で)焼く」という意味です。「炒める」は“stir fry”、「網焼きにする」は“grill”、「直火で焼く」または「照り焼きにする」は“broil”、そして「あぶる」は“roast”です。

E **spatula**　ヘラ

F **be hanging up**　かかっている

G **cod　タラ**

「タラ」は"cod"、「サケ」は"salmon"、「マス」は"trout"、「サバ」は"mackerel"、「タイ」は"sea bream"または"snapper"、「カツオ」は"bonito"、「ブリ」は"yellowtail"です。

SKIT 4-B

A **tasty　おいしい**

ネイティヴ達は、「おいしい」という表現に、いろいろな言い方をします。"delicious"は、ありふれていてあまり使いません。「味がいい」という意味で"tasty"、子供達は"yummy"とか"yum"と言いますし、単に"good"とか、"beautiful"と言うこともよくあります。

B **first of all　まず、初めに**

"of all"を省力して、"first"だけで言い表すこともあります。

C **put in　入れる**

「(鍋に)加える」場合、"add"もよく使われます。

D **pan　鍋**

E **then　それから**

"then(それから)"の代わりに、"next(次に)"を使うこともあります。

F **cover　フタをする**

G **pot　鍋**

H **like this　このように**

I **simmer　とろ火で煮る**

単に「煮る」のときは"boil"で、"**Please** お願いします **boil** 煮てください **the beans,** その豆を **first.** 初めに ／"のように使います。

SKIT 4-C

A **boil over**　吹きこぼれる

B **take the lid off**　フタをはずす

C **taste**　味見する／味

D **stew**　鍋

「鍋」は、英語では“saucepan”とか、ただ単に“pan（前ページのSKIT 4-B **D** 参照）”と言います。しかし、日本人は“pan”と聞くと“frying pan（フライパン）”を思い浮かべてしまって、「pan＝鍋」とは結びつきにくいので注意が必要です。

前ページのSKIT 4-B **G** で取り上げた“pot”には、実にたくさんの意味があります。本書の場合は「鍋」ですが、“tea pot”で「きゅうす」、“flower pot（または、plant pot）”で「植木鉢」などの意味があります。ちなみに、英語の“pot”には日本語の「魔法瓶」という意味はありませんので要注意です。“Water warmer”や“electric kettle”などの言い方がいいでしょう。

また、日本語で「鍋」というと、食べる「鍋」の意味もありますね。その場合は“stew”がいいでしょう。

E **be seasoned**　味がついている

F **salt**　塩

G **pepper**　コショウ

H **flavor**　味

上記 **C** で取り上げた“taste”にも「味」という意味があります。“flavor”も「味」ですが、“flavor”には「風味」というニュアンスがあります。

I **add**　足す

J **ginger**　ショウガ

K **garlic**　ニンニク

L **grate**　おろす

●食事の時間・Meal time

SKIT 5

A いただきます

アメリカやイギリスで、食事の前によくみんなが唱える決まり文句があります。食事という恵みへの感謝の言葉なので、興味のある人は覚えてみましょう。

Let's say 一緒に言おう Grace! 恵みを！ ／ Thank you ありがとうございます for the food 食べ物に we eat! 私達が食べる ／ Thank you ありがとうございます for the world 世界に so sweet! こんなにやさしい ／ Thank you ありがとうございます for the birds 鳥達に that sing! そしてそれらは歌う ／ Thank you ありがとうございます God 神様 for everything! すべてに ／ OK, let's eat! いいよ、それでは食べましょう ／

B lasagna　ラザニア

C ingredients　食材

SKIT 6

A smell　におい

B dessert　デザート

C on a diet　ダイエット中

D bake　焼く

SKIT 7

A sweet　甘い

B salty　しょっぱい

「辛い」は"spicy"や"hot"と言います。

C too much ～　多すぎる～

D instead of ～　～の代わりに

E celery　セロリ

F crisp　シャキしている

G steak　ステーキ

H tough　堅い

I chewy　かみごたえがある

J nutritious　栄養がある

K spinach　ホウレン草

L lettuce　レタス

M carrot　ニンジン

N tomato　トマト

O seaweed　海藻

SKIT 8

A meal　食事

B fun　楽しい

C TV dinner　冷凍のインスタント食品

D apple pie　アップルパイ

E You're kidding!　冗談を言わないで

●料理・Cooking

A 私がサンドイッチを作るよ。

I will make some sandwiches.

私が作るよ ➡ I will make

サンドイッチを ➡ some sandwiches. ／

B 私は、キャベツスープとラザニアを作りますね。

I'll cook some cabbage soup and lasagna.

私は料理しましょう ➡ I'll cook

キャベツスープとラザニアを ➡ some cabbage soup and lasagna. ／

C 私は今晩は、外で食べたいです。

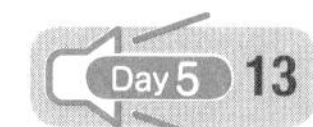

I'd like to eat out tonight.

私は食べることを望みます ➡ I'd like to eat

外で ➡ out

今晩は ➡ tonight. ／

D あなたはとても思いやりがあるのね。

You are so considerate.

あなたはとても思いやりがあるね ➡ You are so considerate. ／

E ジャガイモの皮をむくのを手伝ってくれない？

Will you help me peel the potatoes?

手伝ってもらえませんか？ ➡ Will you help

私が ➡ me

皮をむくのを ➡ peel

そのジャガイモの ➡ the potatoes? ／

F ジャガイモの皮をむいてから、タマネギを切ってもらえませんか？

Could you chop these onions after you peel the potatoes?

切ってもらってもいいですか？ ➡ Could you chop

これらのタマネギを ➡ these onions

後で ➡ after

あなたが皮をむく ➡ you peel

そのジャガイモの ➡ the potatoes? ／

G 私はその代わりにハムをスライスしましょう。

I'll slice the ham instead.

私はスライスしましょう ➡ I'll slice

ハムを ➡ the ham

その代わりに ➡ instead. ／

話しているときにどのハムか決まっていなかったら、"some ham" と言います。

H 私はナイフで手を切っちゃった。

I cut myself with a knife.

私は切っちゃった ➡ I cut

自分自身を ➡ myself

ナイフで ➡ with a knife. ／

I 私は、あなたにその泡立て器でタマゴの溶き方を教えましょう。

I'll teach you how to beat the eggs with a whisk.

私は教えましょう ➡ I'll teach
あなたに ➡ you
溶き方を ➡ how to beat
そのタマゴの ➡ the eggs
泡立て器で ➡ with a whisk. ／

J 私はこの魚をバターで焼きたいです。

I'd like to fry this fish with butter.

私は焼きたいです ➡ I'd like to fry
この魚を ➡ this fish
バターで ➡ with butter. ／

K そのヘラはどこにありますか？

Where is the spatula?

どこにありますか？ ➡ Where is
そのヘラは ➡ the spatula? ／

L それはキッチンの壁にかかっています。

It's hanging up on the kitchen wall.

それはかかっています ➡ It's hanging up
キッチンの壁に ➡ on the kitchen wall. ／

M 私は照り焼きか網焼きにすることをより好みます。

I'd rather have it broiled or grilled.

私はすることをより好む ➡ I'd rather have

それを ➡ it

照り焼きか網焼きに ➡ broiled or grilled. ／

N まず初めに、豆を煮てください。そしてそれから、このように鍋にフタをして、豆がやわらかくなるまでとろ火で煮てください。およそ 15 分かかります。

Please boil the beans, first. Then, cover the pot like this, and simmer until the beans are soft. It usually takes about 15 minutes.

お願いします ➡ Please

煮てください ➡ boil

その豆を ➡ the beans,

初めに ➡ first. ／

そして ➡ Then,

フタをしてください ➡ cover

その鍋に ➡ the pot

このように ➡ like this,

そして ➡ and

とろ火でとろとろ煮てください ➡ simmer

豆がやわらかくなるまで ➡ until the beans are soft. ／

それは通常かかります ➡ It usually takes

およそ 15 分間 ➡ about 15 minutes. ／

O 鍋が吹きこぼれているよ。

The pot is boiling over!

鍋が吹きこぼれているよ ➡ The pot is boiling over! ／

P それが煮えたら、フタをはずしてください。

After it has finished boiling, take the lid off.

後で ➡ After

それが煮えた ➡ it has finished boiling,

取ってください ➡ take

フタをはずして ➡ the lid off. ／

Q それから、どのような味になっているのかその鍋を味見してください。

Then, taste the stew to see how it's seasoned.

それから ➡ Then,

味見して ➡ taste

その鍋を ➡ the stew

見るために ➡ to see

どのように ➡ how

それが味付けされているかを ➡ it's seasoned. ／

R あともう少し塩とコショウがあると味が出るでしょう。

A little more salt and pepper will give it more taste.

あともう少しのお塩とコショウが与えるでしょう
➡ A little more salt and pepper will give

それに ➡ it

もっと味を ➡ more taste. ／

S 少し、ショウガとニンニクを足すのはどうでしょう？

What do you think of adding a little bit of ginger and garlic?

何を ➡ What

あなたは思いますか？ ➡ do you think

足すことを ➡ of adding

少しを ➡ a little bit

ショウガとニンニクの ➡ of ginger and garlic? ／

T 今、私がショウガとニンニクをおろします。

I'll grate some ginger and garlic now.

私がおろします ➡ I'll grate

いくらかのショウガとニンニクを ➡ some ginger and garlic

今 ➡ now. ／

Check this out!

身につければ日常会話は完ぺき！

ボキャブラリー＆構文⑤

ページの左側に英語を、右側に日本語を載せていますので、どちらかを隠して覚えているか確認していきましょう。

わからなかったものには、左側の□マークにチェック（✓）を入れます。これをわからないボキャブラリーや構文がなくなるまで行いましょう。

□ prepare ／ make ／ cook	□ 料理する
□ eat out	□ 外食する、外で食事をする
□ considerate	□ 思いやりがある
□ up to you	□ あなた次第
□ peel	□ 皮をむく
□ chop	□ 切る
□ slice	□ スライスする
□ cut ～ self	□ 自分の指などを切る
□ beat	□ 溶く
□ whisk	□ 泡立て器
□ I'm coming.	□ 今、行きますよ
□ fry	□ 焼く
□ spatula	□ ヘラ
□ be hanging up	□ かかっている
□ cod	□ タラ
□ tasty	□ おいしい
□ first of all	□ まず、初めに
□ put in	□ 入れる
□ pan	□ 鍋
□ then	□ それから
□ cover	□ フタをする
□ pot	□ 鍋
□ like this	□ このように
□ simmer	□ とろ火で煮る
□ boil over	□ 吹きこぼれる
□ take the lid off	□ フタをはずす
□ taste	□ 味見する／味

□ stew	□ 鍋
□ be seasoned	□ 味がついている
□ salt	□ 塩
□ pepper	□ コショウ
□ flavor	□ 味
□ add	□ 足す
□ ginger	□ ショウガ
□ garlic	□ ニンニク
□ grate	□ おろす
□ いただきます	□ **Let's say grace!**……（132ページ参照）
□ lasagna	□ ラザニア
□ ingredients	□ 食材
□ smell	□ におい
□ dessert	□ デザート
□ on a diet	□ ダイエット中
□ bake	□ 焼く
□ sweet	□ 甘い
□ salty	□ しょっぱい
□ too much ～	□ 多すぎる～
□ instead of ～	□ ～の代わりに
□ celery	□ セロリ
□ crisp	□ シャキしている
□ steak	□ ステーキ
□ tough	□ 堅い
□ chewy	□ かみごたえがある
□ nutritious	□ 栄養がある
□ spinach	□ ホウレン草
□ lettuce	□ レタス
□ carrot	□ ニンジン
□ tomato	□ トマト
□ seaweed	□ 海藻
□ meal	□ 食事
□ fun	□ 楽しい
□ TV dinner	□ 冷凍のインスタント食品
□ apple pie	□ アップルパイ
□ You're kidding!	□ 冗談を言わないで

COLUMN

英語上達を阻害する和製英語③
～ジョッキ、ホイップクリーム、ミックスナッツ、ミキサーなど～

食べ物に関連する和製英語もたくさんあります。

まずは、飲み物からいきましょう。「ビールのジョッキ」は英語にはありません。これは“beer mug”が正しい英語です。

和製英語の「ホイップクリーム」や「ミックスナッツ」も ed が抜けています。それぞれ“whipped cream”“ mixed nuts”が正しい英語です。

野菜や果物からジュースを作る「ミキサー」は、英語では“blender”と言います。

「フライドポテト」は、アメリカでは“French fries”、イギリスでは“chips”と言います。

「インスタントフード」も和製英語。アメリカでは“TV dinner”と言います。これは TV を見ているときでも簡単に作れる食事という意味です。イギリスでは“ready meals”とか“microwave meals”と言われています。

「ロールキャベツ」は、英語では“cabbage rolls”です。

「プチトマト」は、英語では“cherry tomato”です。

「栗」をマロンだと思っている人が多いようですが、正しくは“chestnut”です。

料理の際、「○○のエキスをたっぷり含んでいます」のエキスは、「抽出物」のことです。“extract（抽出物）”が正しい英語です。

日本では、料理人を「シェフ（chef）」や「コックさん」と言いますが、「コック」と発音すると大変まずい意味になりますので、そのように発音しないでください。正しくは“cook”で発音は「クック」です。

ワインなどの目利きの専門家である「ソムリエ」は、フランス語です。英語では“connoisseur”と言います。

また、「ファミリーレストラン」ですが、英米人が聞くと“family-owned restaurant”、すなわち「家族経営のレストラン」という違う意味になります。“chain restaurant”が正しい英語です。

健康①
(健康管理、定期健診)

今回の第6日目と次の第7日目は健康編です。ロバートと彼の同僚は、健康診断を機に日頃の健康管理について、いろいろな話をします。また、ロバートの職場で流行っている風邪を題材に、風邪の症状や風邪薬の呼び方、簡単な病気の表現、薬局でのやりとりなど、さまざまな会話をします。
ここでは、彼らの会話を通して、健康・病気についてのボキャブラリーと表現を「笠原メソッド」で高速INPUTしていきましょう。

Story Listening
5ステップ・リスニング

●健康管理・Health care

Day6 1

SKIT 1 先日の健康診断は受けた？
Did you have a physical check-up the other day?

Linda Did you have あなたは持ちましたか？ a physical check-up 健康診断を the other day? 先日の ／

Robert Yes, I did. はい、受けました ／ How about you? あなたはどうした？ ／

Linda Yes, me too. 私もよ ／ What 何を did the doctor say? あなたのお医者さんは言いましたか？ ／

Robert He was very concerned 彼は大変心配していました about my weight and blood pressure. 私の体重と血圧を ／ He said 彼は言いました I should go on a diet 私はダイエットするべきだと to lose 減らすために weight 体重を and そして change 変えるべきだと my diet 私の食事を to lower 下げるために my blood pressure. 私の血圧を ／ He suggested 彼は提案しました that 次のことを I stop 私がやめるべきだと eating 食べることを salty and fatty foods. 塩分が多くて脂っこい食べ物を ／ He also suggested 彼はまた提案しました that 次のことを I lose 私は減らすべきだと 15 pounds. 15ポンド ／ What about you? あなたはどう ？ ／

Linda I also had 私もまた持ちました a physical examination. 健康診断を ／ I had 私はさせました my lungs and abdomen 私の肺と腹部を X-rayed. レントゲンで撮られることを ／ The barium made そのバリウムがしました me 私に feel 感じさせました really sick. 本当に気持ち悪く ／ He was concerned 彼は心配していました about my lungs. 私の肺を ／ He said 彼は言いました that 次のことを I should quit 私がやめるべきであると smoking 喫煙を immediately. 直ちに ／

Robert Speaking of being healthy, 健康と言えば do you do あなたはしますか？ anything 何かを special 特別に to keep 保つために yourself あなた自身を fit? 健康に ／

Linda I like 私は好きです to work out 運動することが at the gym. スポーツクラブで ／ What about you? あなたはどう？ ／

Robert I just go 私はただ行きます jogging ジョギングに when ときに I have 私が持っている time. 時間を ／

Linda I also take 私はまた取っています Yoga classes ヨガのクラスを to relax リラックスするために and そして relieve 解消するために stress. ストレスを ／

●症状・Symptoms

SKIT 2 顔色が悪いよ You look pale.

Peter　You know, あのね you don't look あなたは見えません very well. そんなによくは ／ You look あなたは見えるよ pale, 青ざめて Susan. スーザン ／ Are you feeling okay? あなたは大丈夫かい？ ／

Susan　No, いいえ not really. 本当によくないわ ／

Peter　What's 何ですか？ the matter? その問題は（➡どうしたんだい？）／

Susan　I have 私は持っています a headache, backache and toothache. 頭痛、腰痛そして歯痛を ／

Peter　I'm sorry お気の毒です to hear 聞いて that. それを ／ Maybe たぶん you should see あなたは会うべきだね the doctor. 医者に ／

Robert　I'm gonna go 私は行きます out 外へ now. 今 ／ I'll buy 私は買いましょう some aspirin アスピリン（鎮痛・解熱剤）を for you. あなたのために ／

Susan　Thanks ありがとう a lot. たくさん ／

Linda　I have 私は持っています a sore throat. のどの痛みを ／ I'm suffering 私は苦しんでいます from a bad cold. 悪い風邪に ／ Could you buy 買ってきてもらえない？ some cold medicine and throat lozenges 風邪薬とのど飴を for me, 私に Bob? ボブ ／

Robert　Sure! わかったよ ／ Take care. お大事に ／ I'll be back 私は戻ります soon. すぐに ／

TIPS “gonna ＝ going to” です。会話のときは省略され、このように表現されることがしばしばあります。

●薬局で・At a pharmacy

SKIT 3　お勧めの薬は？ Can you recommend any good medicine?

Robert　Excuse me. すみません ／ Can you help 手伝ってもらえますか？ me? 私を ／ I have 私は持っています a stomachache. 腹痛を ／ Can you recommend 勧めますか？ any good medicine? いくらかのいい薬を ／

Pharmacist（薬剤師）　I know 私は知っています a good stomach medicine. いい胃薬を ／ It's called それは呼ばれています "TummyNumber 1".「タミーナンバー 1」と ／

Robert　OK. わかりました ／ I'll take 私は買います it. それを ／ And, そして my colleague, 私の同僚の Susan, has スーザンは持っています a headache, backache and toothache. 頭痛、腰痛そして歯痛を ／ What 何を do you recommend? あなたは勧めますか？ ／

Pharmacist I recommend 私は推薦します "Mac's Aspirin"「マックズ・アスピリン（マックズ鎮痛・解熱剤）」for her headache, 彼女の頭痛に and そして I think 私は思います she needs 彼女は必要だと some painkillers. 痛み止めが ／ So それで I also recommend 私はまた勧めます "Jacqui's Pain Pills".「ジャッキーズ・ペインピルズ（ジャッキーズ鎮痛剤）」を ／

Robert Another one of my co-workers, Linda, has 私のもうひとりの同僚のリンダは持っています a sore throat and a bad cough. のどの痛みと悪いせきを ／ I think 私は思います she's got 彼女は持っていると a bad cold. 悪い風邪を ／

Pharmacist I recommend 私は勧めます "Lucky Cold Medicine", "Yummy Cough Syrup" and "Mike's Throat Lozenges".「ラッキー・コールドメディシン（ラッキー風邪薬）」、「ヤミー・コフシロップ（おいしいせき止めシロップ）」そして「マイクズ・スロートローゼンジーズ（マイクののど飴）」を ／

Robert Thanks ありがとうございます for your advice! あなたのアドヴァイスに ／ Where どこに are they? それらはありますか？ ／

Pharmacist The stomach medicine is その胃薬はあります over 向こうに there そこの in Aisle 3 ３番列に on the left. 左の ／ The aspirin and painkillers are アスピリンと痛み止めはあります in Aisle 4 ４番列に on the right. 右の ／ The cold medicine and lozenges are 風邪薬とのど飴はあります in Aisle 5 ５番列に on the right. 右の ／

快復・Get well

SKIT 4 早くよくなりますように
I hope you get better soon.

Robert Susan, スーザン according to the pharmacist, 薬剤師さんによると "Mac's Aspirin" works「マックズ・アスピリン」は効きます well. よく ／ It gets rid of それは取り除きます headaches 頭痛を quickly. 素早く ／

Susan Thanks. ありがとう ／

Robert No problem. どういたしまして ／ I hope 私は望んでいますよ you get better あなたがさらによくなることを soon. すぐに ／

Vocabulary & Structure Building
重要ボキャブラリー＆重要構文

●健康管理・Health care

SKIT 1

A physical check-up　健康診断

「健康診断」は、このほかに"medical check-up"や"physical examination"とも言います。口語では、"physical examination"を短くして、ただ単に"physical"ということが多いです。

B be concerned about　心配している

C weight　体重

D blood pressure　血圧

E go on a diet　ダイエットをする／食事制限をする

F lose weight　体重を減らす

G change one's diet　食生活を変える

"diet"という単語、ただの"diet"だと「食べるもの」のことです。たとえば"What's your diet?（あなたの食事は何ですか？）"は、やせるための食事とかそういうものとは関係ありません。"diet = food you eat"、すなわち、あなたがふだん食べている食べ物のことです。
ところが、医者（doctor）が"You should go on a diet."と言った場合、「あなたは食事制限（ダイエット）をしたほうがいいですよ」という意味になります。

H stop eating　食べるのをやめる

I salty and fatty foods　塩分が多くて脂っこい食べ物

J lung(s)　肺

K abdomen　腹部

L X-ray　レントゲン／レントゲン写真を撮る

M barium　バリウム

N quit smoking　タバコをやめる

O immediately　直ちに

P speaking of ～　～と言えば

Q to keep yourself fit　あなた自身を健康に保つために

R work out　運動をする

「運動をする」は、"do exercise"や"do some exercises"、"exercise"も使われます。

S gym　スポーツクラブ

T go jogging　ジョギングに行く

U take yoga classes　ヨガのクラスを取る

V relax　リラックスする

W relieve stress　ストレスを解消する

「ストレスを解消する」は"get rid of stress"もよく使われます。

●症状・Symptoms

SKIT 2

A pale　青ざめて

B What's the matter?　どうしたの？

「どうしたの？」と聞く場合、ほかの言い方として"Is something wrong?"や"Is anything wrong?"などがあります。

学校英語では、"What's wrong with you?"も"What's the matter with you?"と同じような意味であるとされていますが、実際のニュアンスはまったく違います。

"What's wrong with you?"と言うと、相手を叱っているか、相手の態度が悪いと文句を言っているように聞こえますので、要注意。

A：What's wrong with you? どうしたっていうんだい？／
B：Nothing. 別に／
A：You look angry. 怒っているように見えるよ／

C have a headache　頭痛がする

D have a backache　腰痛がする

E have a toothache　歯痛がする

F I'm sorry ～　お気の毒です

この場合の"sorry"は、「ごめんなさい」ではなく、「お気の毒です」という意味になります。

G aspirin　鎮痛・解熱剤

H have a sore throat　のどが痛い

I suffer from　苦しんでいる

J cold medicine　風邪薬

K throat lozenges　のど飴

「のど飴」は"cough drops"とも言います。

L Take care.　お大事に

M I'll be back soon.　すぐに戻ります

「すぐに戻ります」と言うとき、"I'll be right back."もよく使われます。

●薬局で・At a pharmacy

SKIT 3

A have a stomachache　おなかが痛い

B recommend　勧める

C stomach medicine　胃薬

D take it　それを買う

E colleague　同僚

「同僚」は"co-worker"もよく使われます。

F painkillers　痛み止め

G bad cough　ひどいせき

H bad cold　悪い風邪

I cough syrup　せき止めシロップ

J in Aisle ～　～番目の列

K ～ on the left　～の左側に

上記を組み合わせ、"in Aisle 3 on the left"と言うと「3番目の列の左側に」という意味です。「右側に」は"on the right"です。

●快復・Get well

SKIT 4

A work well　よく効く

B get rid of　取り除く

Speaking Lesson
4ステップ・スピーキング

● 健康管理・Health care

A あなたは、先日の健康診断を受けましたか？

Did you have a physical check-up the other day?

あなたは持ちましたか？ ➡ Did you have

健康診断を ➡ a physical check-up

先日の ➡ the other day? ／

B 彼は、私の体重と血圧を大変心配していました。

He was very concerned about my weight and blood pressure.

彼は大変心配していました ➡ He was very concerned

私の体重と血圧を ➡ about my weight and blood pressure. ／

C 体重を減らすためにダイエットをして、血圧を下げるために、食事を変えるべきであると、彼は私に言いました。 Day6 7

He said I should go on a diet to lose weight and change my diet to lower my blood pressure.

彼は言いました ➡ He said

私はダイエットするべきだと ➡ I should go on a diet

減らすために ➡ to lose

体重を ➡ weight

そして ➡ and

変えるべきだと ➡ change

私の食事を ➡ my diet

下げるために ➡ to lower

私の血圧を ➡ my blood pressure. ／

D 彼は、私は塩分が多くて脂っこい食べ物を食べるのをやめるべきだと提案しました。

He suggested that I stop eating salty and fatty foods.

彼は提案しました ➡ He suggested

次のことを ➡ that

私がやめるべきだと ➡ I stop

食べることを ➡ eating

塩分が多くて脂っこい食べ物を ➡ salty and fatty foods. ／

E 私は、腹部と胸部のレントゲン検査を受けました。

I had my lungs and abdomen X-rayed.

私はさせました ➡ I had

私の肺と腹部を ➡ my lungs and abdomen

レントゲンで撮られることを ➡ X-rayed. ／

F バリウムのおかげで本当に気持ち悪くなりましたよ。

The barium made me feel really sick.

そのバリウムがしました ➡ The barium made

私に ➡ me

感じさせました ➡ feel

本当に気持ち悪く ➡ really sick. ／

G 彼は、私が直ちにタバコをやめるべきであると提案しました。

He suggested that I quit smoking immediately**.**

彼は提案しました ➡ He suggested

次のことを ➡ that

私がやめるべきであると ➡ I quit

喫煙を ➡ smoking

直ちに ➡ immediately. ／

H 健康と言えば、あなたは健康を保つために特別に何かしていますか？

Speaking of **being healthy, do you do anything special** to keep yourself fit**?**

健康と言えば ➡ Speaking of being healthy,

あなたはしますか？ ➡ do you do

何かを ➡ anything

特別に ➡ special

保つために ➡ to keep

あなた自身を ➡ yourself

健康に ➡ fit? ／

I 私は運動をするためにスポーツクラブに行きます。

I go to the gym **to do some exercises.**

私は行きます ➡ I go

スポーツクラブに ➡ to the gym

するために ➡ to do

運動を ➡ some exercises. ／

● 症状・Symptoms

A のどが痛いです。

I have a sore throat.

私は持っています ➡ I have

のどの痛みを ➡ a sore throat. ／

● 快復・Get well

A 薬剤師さんによると、「マックズ・アスピリン」はよく効くそうです。すぐに頭痛がなくなります。

According to the pharmacist, "Mac's Aspirin" works well. It quickly gets rid of headaches.

薬剤師さんによると ➡ According to the pharmacist,

「マックズ・アスピリン」は効きます ➡ "Mac's Aspirin" works

よく ➡ well. ／

それは素早く取り除きます ➡ It quickly gets rid of

頭痛を ➡ headaches. ／

Check this out!

身につければ日常会話は完ぺき!

ボキャブラリー＆構文⑥

ページの左側に英語を、右側に日本語を載せていますので、どちらかを隠して覚えているか確認していきましょう。

わからなかったものには、左側の□マークにチェック（✓）を入れます。これをわからないボキャブラリーや構文がなくなるまで行いましょう。

□ physical check-up	□ 健康診断
□ be concerned about	□ 心配している
□ weight	□ 体重
□ blood pressure	□ 血圧
□ go on a diet	□ ダイエットをする／食事制限をする
□ lose weight	□ 体重を減らす
□ change one's diet	□ 食生活を変える
□ stop eating	□ 食べるのをやめる
□ salty and fatty foods	□ 塩分が多くて脂っこい食べ物
□ lung(s)	□ 肺
□ abdomen	□ 腹部
□ X-ray	□ レントゲン／レントゲン写真を撮る
□ barium	□ バリウム
□ quit smoking	□ タバコをやめる
□ immediately	□ 直ちに
□ speaking of ～	□ ～と言えば
□ to keep yourself fit	□ あなた自身を健康に保つために
□ work out	□ 運動をする
□ gym	□ スポーツクラブ
□ go jogging	□ ジョギングに行く
□ take yoga classes	□ ヨガのクラスを取る
□ relax	□ リラックスする
□ relieve stress	□ ストレスを解消する
□ pale	□ 青ざめて
□ What's the matter?	□ どうしたの？
□ have a headache	□ 頭痛がする

□ have a backache	□ 腰痛がする
□ have a toothache	□ 歯痛がする
□ I'm sorry ～	□ お気の毒です
□ aspirin	□ 鎮痛・解熱剤
□ have a sore throat	□ のどが痛い
□ suffer from	□ 苦しんでいる
□ cold medicine	□ 風邪薬
□ throat lozenges	□ のど飴
□ Take care.	□ お大事に
□ I'll be back soon.	□ すぐに戻ります
□ have a stomachache	□ おなかが痛い
□ recommend	□ 勧める
□ stomach medicine	□ 胃薬
□ take it	□ それを買う
□ colleague	□ 同僚
□ painkillers	□ 痛み止め
□ bad cough	□ ひどいせき
□ bad cold	□ 悪い風邪
□ cough syrup	□ せき止めシロップ
□ in Aisle ～	□ ～番目の列
□ ～ on the left	□ ～の左側に
□ work well	□ よく効く
□ get rid of	□ 取り除く

COLUMN

日本語ではOK、でも、英語では×

ここでは、和製英語ではないけれど、日本語と発音が似ているため、知っておかないと危ない単語を取り上げましょう。

◇ **bimbo**

この単語、音からすると「ビンボー」で、日本語の「貧乏」に聞こえますが、英語で、“bimbo” と言うと「アタマの中が、空っぽ」という意味です。“air-head” とも言われます。ビンボー、日本語では、「財布の中が空っぽ」、英語では、「アタマの中が空っぽ」ですね。

◇ **kinky**

日本語で、「キンキ」というと、別段悪い響きではないと思いますが、英語では、「変態」という意味になるので、要注意です。

◇ **wacko**

マイケルジャクソンは、その変人ぶりから、“Wacko Jacko” と呼ばれていたのを皆さんは御存知ですか？ “wacko” は、「ワコー」と発音します。英語で、“He ／ She is a wacko.” と言うと「彼／彼女は、変人です」という意味です。どちらかと言うと次に出てくる「サイコ（psycho）」と同様の意味で、相手を怒らせる（offensive な）言葉です。ちなみに、形容詞形は、“wacky” ですが、これは、ただ、「バカな」くらいで、あまり悪い意味には使われないようです。

◇ **psycho**

「サイコ」は、ヒッチコック監督の映画のタイトルでもありますが、会話では、俗語として「気の狂った」というニュアンスで使われます。

◇ **dodgy**

日本語で、「ドジ」と言うと「うっかりな」とか、「不器用な」という意味がありますが、英語の “dodgy” は、「怪しい」という意味です。もし、“He is dodgy.” と言ったら、「彼は怪しい」と疑っていることになります。ちなみに、「怪しい」は American English（米語）では、“sketchy” と言うことが多いです。

健康②
(医者へ行く)

前回の第6日目で、病気の症状や薬局での会話を学習しました。そして今回(第7日目)は、お医者さんに行くときの会話を学習していきます。お医者さんの予約、問診、治療といった会話から、重要なボキャブラリーや表現を学習していきましょう。
日本の場合、お医者さんには予約を取らずに直接行くことが多いのですが、アメリカでは予約を取って行くことが多いので、今回はアメリカに合わせています。
まずは、5ステップ・リスニングで重要項目をマスターしていきましょう。

Story Listening
5ステップ・リスニング

●予約・Appointment

SKIT 1 予約しますか？ Would you like to make an appointment?

Doctor's Secretary (D.S.) Charles' Doctor's Office. チャールズ・ドクターズ・オフィス ／ How どのように may I help お手伝いしましょうか？ you? あなたを ／

Robert Hello. もしもし ／ This is Robert Jones. こちらはロバートジョーンズです ／ I'm not feeling 私は感じていません very well. そんなによくは ／

D.S. What 何が seems to be the problem? 問題のようですか？ ／

Robert My ears are ringing 私の耳が鳴っています and そして I have 私は持っています a headache. 頭痛を ／ I'm feeling 私は感じています dizzy, too. めまいも ／

D.S. I see. わかりました ／ Would you like あなたはお望みですか？ to make an appointment? 予約することを ／

Robert Yes, はい I would. 望みます ／

D.S. Would you like あなたはお望みですか？ to come in 来ることを tomorrow morning 明日の朝 at 10 o'clock? 10時に ／

Robert　Yes, はい that's fine. いいです／ Thank you ありがとうございます so much. たくさん ／

●問診・Medical examination by interview

SKIT 2　熱はありますか？ Do you have a high fever?

D.S　May I ask 伺ってもよろしいですか？ you あなたに some questions? いくらかの質問を ／

Robert　Sure. はい ／

D.S　Do you smoke? タバコは吸いますか？ ／

Robert　No, I don't. いいえ、吸いません ／

D.S　Are you allergic あなたはアレルギーがありますか？ to penicillin? ペニシリンに ／

Robert　No, いいえ I'm not. 私にはありません ／

D.S　Are you allergic あなたはアレルギーがありますか？ to anything else? ほかに何か ／

Robert　No. いいえ I don't have 私は持っていません any allergies. どんなアレルギーも ／

D.S　Do you drink あなたは飲みますか？ alcohol? アルコールを ／

Robert　Yes, はい but でも just a little. ほんの少しです ／

D.S　Are you currently taking あなたは現在受けていますか？ any medication? 何か薬物療法を ／

Robert　No, いいえ not at all. 全然 ／

D.S　Do you have あなたは持っていますか？ a high fever? 高熱を ／

Robert　Yes, I do. はい、持っています ／ It was 38.5 degrees 体温は、38度5分でした when ときに I took 私が取った my temperature. 私の体温を ／

● 治療・Treatment

SKIT 3　注射をしなくてはなりません
I have to give you an injection.

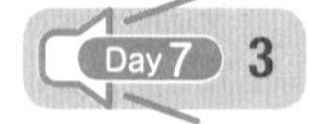

Doctor　Hello. こんにちは ／ Please お願いします sit down. 座ってください ／
This says これが言います（➡問診票を見ますと） you have あなたは持っていると a high fever. 高熱を ／ Are you feeling あなたは感じていますか？ hot or cold? 暑いと、それとも寒いと ／

Robert　I'm feeling 私は感じています cold. 寒いと ／ Also, それと I keep sneezing 私はずっとくしゃみをしています and そして my eyes are itchy. 目がかゆいです ／

Doctor Sit on 腰かけてください the bed, そのベッドに please. お願いします ／ Could you take your shirt off? シャツを脱いでもらえませんか？ ／
Now, さて hold 止めてください your breath. あなたの息を ／ Could you say 言ってください "a-a-h"? 「あー」 ／ And そして look at 見てください this. これを ／

Robert A-a-h. あー ／

Doctor Now, それでは lie 横になってください on your back. あおむけに ／
You have あなたは持っています the flu. インフルエンザを ／ I think 私は思います you may have caught あなたがかかったかもしれないと it それに last week. 先週 ／ I have to give 私はあげなくてはいけません you あなたに an injection, 注射を so それで could you roll up 巻きあげてくれませんか？ your sleeve? あなたのそでを ／

●ケガ・Injury

SKIT 4 左足を骨折した I broke my left leg.

Linda Bob, ボブ you're on crutches. あなたは松葉杖をついているね ／ What happened 何が起こったの？ to you? あなたに ／

Robert I broke 私は折った my left leg 私の左足を while skiing. スキーをしていて ／ My ligaments and tendons are torn. 私のじん帯と腱も切れたんだ ／

Linda　I'm sorry お気の毒に to hear that. それを聞いて ／ Does it hurt それは痛みますか？ very badly? とてもひどく ／

COLUMN

マスク

日本人は、風邪でもよく病院に行きますが、アメリカでは病院には行きません。もし、風邪を引いたアメリカ人に、"You should go to the hospital.（病院に行ったほうがいいよ）" と言うと "Why?（なんで？⇒僕、なんか悪い病気にかかった？）" と聞かれることになります。

アメリカでは、風邪ぐらいなら、休んで治すか、医院（clinic または、doctor's office）に行きます。病院に行くのは、骨を折ったとか、大きな病気をしたときです。このように、アメリカでは、病院と医院を使い分けているので注意しましょう。

日本では、風邪を引いたりするとマスクをします。アメリカではそういう習慣はありません。アメリカではマスクをしていると「伝染病にかかっている」「銀行強盗かなにか」「顔に傷がある」などと、さまざまな憶測が駆け巡ることになります。日本では、他人への思いやりの意味もあるマスク。でもアメリカでは、人騒がせなだけですので要注意です。

Vocabulary & Structure Building 重要ボキャブラリー&重要構文

●予約・Appointment

SKIT 1

A **be not feeling very well**　具合がよくありません

"not feel well"だけでも「具合がよくない」ことを表現しています。

B **What seems to be the problem?**　何が問題のようですか？

診断を下すのはお医者さんですから、電話を受けている秘書の人も私達も、"seem"を使って、「~のようなんだけど」というのが一般的です。

C **ears are ringing**　耳鳴りがしています

D **be feeling dizzy**　めまいを感じています

"feel dizzy"や"be dizzy"だけでも「めまいを感じている」ことを表現します。そのほかにも症状を言う表現「首が張っている(My neck is stiff.)」「肩がこっている(My shoulders are stiff.)」なども覚えておくと有効です。

E **make an appointment**　予約をする

●問診・Medical examination by interview

SKIT 2

A **May I ask ~?**　伺ってもよろしいですか?

B **be allergic to ~**　~にアレルギーがある

C **penicillin**　ペニシリン

D **don't have any allergies**　アレルギーはありません

E **take medication**　薬物治療を受けている

"take medication"は、「ほかのお医者さんから治療を受けたり、お薬をもらったりしている」=「薬物治療を受けている」ということです。

F have a fever　熱がある

G take one's temperature　体温を測る

●治療・Treatment

SKIT 3

A be feeling　感じている

B sneeze　くしゃみをする

C itchy　かゆい

D sit on ～　（～に）腰かける／（～に）座る

「（～に）腰かける」は、“sit down”や“take a seat”も使われます。

Sit on 腰かけてください the bed, そのベッドに please. お願いします ／
Please お願いします sit down. 座ってください ／
Please お願いします take 取ってください a seat. 座席を ／

E take off　脱ぐ

F hold one's breath　～の息を止める

G have the flu　インフルエンザにかかっている

H give an injection　注射をする

「注射をする」は“give a shot”もよく使われます。

I roll up one's sleeve　～のそでをまくる

●ケガ・Injury

SKIT 4

A be on crutches　松葉杖をついている

B break　（骨を）折る

C ligament　じん帯

D tendon　腱（けん）

E hurt　痛む

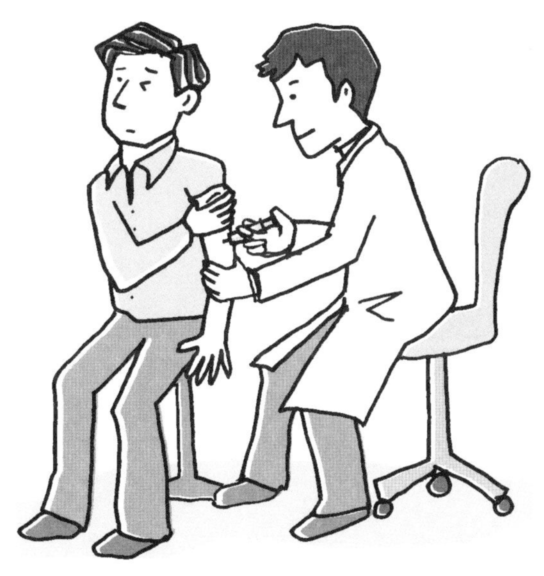

Speaking Lesson
4ステップ・スピーキング

● 予約・Appointment

A 気分がそんなによくはありません。

I'm not feeling very well.

私は感じていません ➡ I'm not feeling

そんなによくは ➡ very well. ／

B 何が問題のようですか？

What seems to be the problem?

何が ➡ What

問題のようですか？ ➡ seems to be the problem? ／

C 私は耳鳴りがして、頭痛があって、めまいもしています。

My ears are ringing, and I have a headache. I'm feeling dizzy, too.

私の耳が鳴っています ➡ My ears are ringing,

そして ➡ and

私は持っています ➡ I have

頭痛を ➡ a headache. ／

私は感じています ➡ I'm feeling

めまいも ➡ dizzy, too. ／

D あなたは予約をご希望ですか？

Would you like to make an appointment?

あなたはお望みですか？ ➡ Would you like

予約をすることを ➡ to make an appointment? ／

● 問診・Medical examination by interview ....

A 2、3 質問してもよろしいでしょうか？

May I ask you some questions?

伺ってもよろしいですか？ ➡ May I ask

あなたに ➡ you

いくらかの質問を ➡ some questions? ／

B あなたはペニシリンにアレルギーがありますか？

Are you allergic to penicillin?

あなたはアレルギーがありますか？ ➡ Are you allergic

ペニシリンに ➡ to penicillin? ／

C ほかに何かアレルギーはありますか？

Are you allergic to anything else?

あなたはアレルギーがありますか？ ➡ Are you allergic

ほかに何か ➡ to anything else? ／

D 私は、アレルギーはありません。 

I don't have any allergies.

私は持っていません ➡ I don't have

アレルギーを ➡ any allergies. ／

E あなたは現在、何か薬物療法を受けていますか？ 

Are you currently taking any medication?

あなたは現在受けていますか？ ➡ Are you currently taking

何か薬物療法を ➡ any medication? ／

F 熱がありますか？ 

Do you have a high fever?

あなたは持っていますか？ ➡ Do you have

高熱を ➡ a high fever? ／

G 私はあなたの体温を測りたいのですが。 

I'd like to take your temperature.

私は測りたい ➡ I'd like to take

あなたの体温を ➡ your temperature. ／

H 身内の方に心臓疾患の履歴がございますか？ 

Is there a history of heart disease in your family?

そこにはありますか？ ➡ Is there

履歴が ➡ a history

心臓疾患の ➡ of heart disease

あなたのご家族に ➡ in your family? ／

●治療・Treatment

Day 7 17

A そのベッドに腰かけてください。

Sit on the bed, please.

腰かけてください ➡ Sit on
そのベッドに ➡ the bed,
お願いします ➡ please. ／

B 暑いと感じていますか？ それとも寒いと感じていますか？

Are you feeling hot or cold?

あなたは感じていますか？ ➡ Are you feeling
暑いと、それとも寒いと ➡ hot or cold? ／

C 私はくしゃみが止まりませんし、目がかゆいです。

I keep sneezing and my eyes are itchy.

私はずっとくしゃみをしています ➡ I keep sneezing
そして ➡ and
目がかゆいです ➡ my eyes are itchy. ／

D シャツを脱いでもらえませんか？

Could you take your shirt off?

シャツを脱いでもらえませんか？ ➡ Could you take your shirt off? ／

E 息を止めてください。

Hold your breath.

止めてください ➡ Hold
あなたの息を ➡ your breath. ／

F あなたはインフルエンザにかかっています。

You have the flu.

あなたは持っています ➡ You have

インフルエンザを ➡ the flu. ／

G 注射をしなくてはなりませんので、そでをたくしあげてくれませんか？

I have to give you an injection, so could you roll up your sleeve?

私はあげなくてはいけません ➡ I have to give

あなたに ➡ you

注射を ➡ an injection,

それで ➡ so

巻きあげてくれませんか？ ➡ could you roll up

あなたのそでを ➡ your sleeve? ／

● ケガ・Injury

A あなたは松葉杖をついているね。

You're on crutches.

あなたは松葉杖をついているね ➡ You're on crutches. ／

B 私はスキーをしていて左足を折りました。

I broke my left leg while skiing.

私は折った ➡ I broke

私の左足を ➡ my left leg

スキーをしていて ➡ while skiing. ／

C 私のじん帯と腱も切れたの。 Day 7 26

My ligaments and tendons are torn.

私のじん帯と腱も切れたの ➡ My ligaments and tendons are torn. ／

D とてもひどく痛みますか？

Does it hurt very badly?

それは痛いですか？ ➡ Does it hurt

とてもひどく ➡ very badly? ／

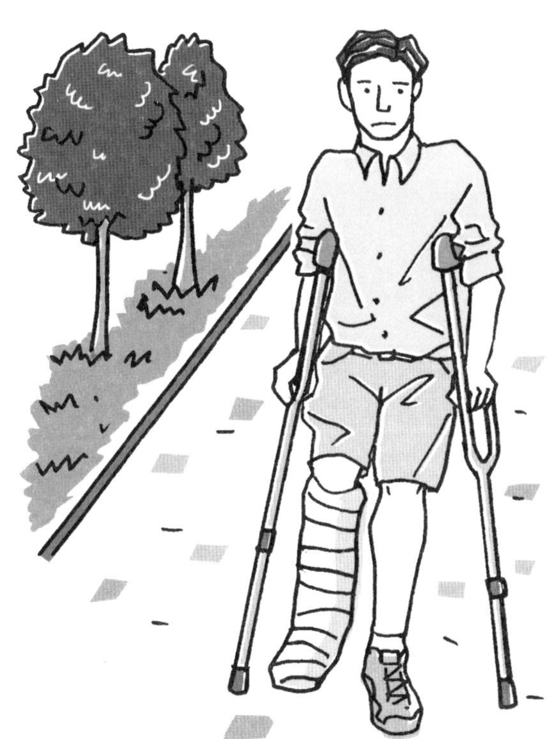

Check this out!

身につければ日常会話は完ぺき！

ボキャブラリー＆構文⑦

ページの左側に英語を、右側に日本語を載せていますので、どちらかを隠して覚えているか確認していきましょう。

わからなかったものには、左側の□マークにチェック（✓）を入れます。これをわからないボキャブラリーや構文がなくなるまで行いましょう。

□ be not feeling very well	□ 具合がよくありません
□ What seems to be the problem?	□ 何が問題のようですか？
□ ears are ringing	□ 耳鳴りがしています
□ be feeling dizzy	□ めまいを感じています
□ make an appointment	□ 予約をする
□ May I ask ～?	□ 伺ってもよろしいですか？
□ penicillin	□ ペニシリン
□ be allergic to ～	□ ～にアレルギーがある
□ don't have any allergies	□ アレルギーはありません
□ take medication	□ 薬物治療を受けている
□ have a fever	□ 熱がある
□ take one's temperature	□ 体温を測る
□ be feeling	□ 感じている
□ sneeze	□ くしゃみをする
□ itchy	□ かゆい
□ sit on ～	□ （～に）腰かける／（～に）座る
□ take off	□ 脱ぐ
□ hold one's breath	□ ～の息を止める
□ have the flu	□ インフルエンザにかかっている
□ give an injection	□ 注射をする
□ roll up one's sleeve	□ ～のそでをまくる
□ be on crutches	□ 松葉杖をついている
□ break	□ （骨を）折る
□ ligament	□ じん帯
□ tendon	□ 腱
□ hurt	□ 痛む

第8日目

パーティー、付き合い

今回のテーマ(Theme)は社交です。パーティーでのさまざまな会話や人を誘うときの会話などを覚えていきます。具体的には、招待状の受け取りやパーティー会場を訪れたときの会話、紹介の仕方、あいさつ、そして友人を家に招いたり、同僚を飲みに誘うといった人付き合い(Socializing with people)の会話を体験します。まずは、ストーリーを通して、重要事項を5ステップ・リスニングで高速INPUTしていきましょう。

●招待・Invitation

SKIT 1 招待状が届いた I received an invitation.

Robert I received 私は受け取りました an invitation 招待状を from Bill ビルから to his wedding ceremony and reception. 彼の結婚式と披露宴の ／

Linda So did I. 私もよ ／ Are you going to accept あなたは受けますか？ his invitation? 彼の招待を ／

Robert Sure. もちろんさ ／ I'm definitely going 私は間違いなく行くつもりです to both. 両方に ／ Are you coming? あなたは来る？ ／

Linda Yes, はい I sure am. 私は確かに行きます ／

Robert I'll call 私は電話しましょう Bill ビルに now… 今 ／
Hello, もしもし Bill. ビル ／ Congratulations おめでとう on your upcoming wedding! あなたの来たるべき結婚に ／
Thank you ありがとう for your invitation. あなたの招待に ／

SKIT 2 送別会を計画しよう We're planning a farewell party.

SKIT 2-A

Linda You know 知ってる？ our boss, Jamie, is going to be transferred 私達の上司のジェーミーは転勤させられるのよ next month. 来月 ／ And, そして he's going back 彼は戻ります to the States 合衆国へ for good. 永久に ／ He's a good boss. 彼はいい上司よね ／ I'll miss 私は惜しむだろうな（寂しいだろうな） him 彼を a lot. たくさん ／

Robert Me, too. 私もだよ ／ I'd like to throw 私は開きたい a farewell party お別れ会を for him. 彼のために ／ What 何と do you think? あなたは思いますか？ ／

Linda That's a good idea. それはいい考えだわ ／ We have 私達は持っています only two weeks たった2週間だけ before he is transferred. 彼が転勤させられるまで ／ So, それだから we'd better hurry. 私達は急がないとダメよ ／

SKIT 2-B

Mary I got 私は得た an invitation 招待を to our neighbors' potluck party. 私達の近所の持ち寄りパーティーへの ／ I'm thinking 私は考えています of making 作ることを chicken casserole. 蒸し焼きチキン鍋を ／

SKIT 3 日曜日に会いに来ない？ Why don't you come and see me on Sunday?

SKIT 3-A

Robert Why don't you come and see あなたは会いに来ない？ me 私に on Sunday? 日曜日に ／

Harry I have 私は持っています some things いくらかのことを to do すべき on Sunday, 日曜日に but でも I may drop in 私はふらっと立ち寄るかもしれないよ if もしも I have 私が持っているなら time. 時間を ／

SKIT 3-B

Linda I'll be 私はいるでしょう there そこに at around ten. 10時ごろに ／ Is it convenient それは便利ですか？ for you? あなたにとって ／

Susan Sure. いいよ ／ I'll be expecting 私は期待します you あなたを at ten. 10時に ／ See you 会いましょう then. そのときに ／

SKIT 3-C

Harry I visited 私は訪問しました your office, あなたの事務所を but でも you were out あなたは外出していました for lunch. 昼食で ／

Robert I'm sorry ごめんなさい for the inconvenience. その不便に ／ Let させて me 私に make it up その埋め合わせを to you. あなたに ／

SKIT 3-D

Robert Did you ask あなたは誘った? Mr. Miller ミラーさんを to dinner 夕食に tonight? 今晩 /

Harry Yes, はい I did. 誘いました / But, でも he declined 彼は断りました because of his cold. 彼の風邪のせいで /

● パーティー・Party

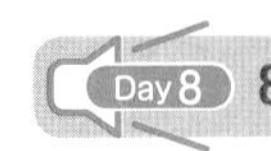

SKIT 4 ようこそパーティーへ
Welcome to our company's foundation party.

Robert & Mary Hi! やあ /

Jennifer Oh, hi Mary! ハイ、メアリー / How are you, Bob? 元気? ボブ / Welcome ようこそ to our company's foundation party. 私達の会社の創立記念パーティーへ / Please come in どうぞ入って and そして make yourselves at home. くつろいでくださいね /

Robert Thank you ありがとうございます very much 大変 for inviting 招待してくれて us. 私達を /

Jennifer Thank you ありがとうございます for coming. 来てくれて / We're very happy 私達はとても嬉しいです to have 持てて you あなた方を with us. 私達とともに / Let させて me 私に take 取ることを your coats. あなた方のコートを /

TIPS "Robert" のことを、"Rob" や "Bob" というニックネームで呼ぶことがあります。

Robert & Mary Thank you. ありがとう ／

Jennifer Well, ええと please お願いします sit down. 座ってください ／ Would you like お望みですか？ something 何かを to drink? 飲むための ／

Mary Yes, はい please. お願いします ／ That would be nice. それはいいですね ／

Jennifer What 何を would you like? あなた方はお望みですか？ ／ We have 私達は持っています beer, whisky, wine, gin and some soft drinks. ビール、ウイスキー、ワイン、ジンそしてソフトドリンクを ／

Robert I'll have 私はいただきます a beer, ビールを please. お願いします ／

Mary I'll have 私はいただきます a white wine, 白ワインを please. お願いします ／

SKIT 5 はじめまして Nice to meet you.

SKIT 5-A

Katy Hi, ハイ my name is Katy. 私の名前はケイティーです ／

Linda Hello. こんばんは ／ I'm Linda. 私はリンダです ／ Nice 嬉しいです to meet お会いして you. あなたに（➡はじめまして）／

Katy　Nice 嬉しいです to meet お会いして you, あなたに too. こちらこそ ／ Linda, リンダ this is my husband, George. こちらが私の夫のジョージです ／

George　Glad 嬉しいです to meet お会いして you. あなたに（➡はじめまして）／

Linda　Pleased 嬉しいです to meet お会いして you, あなたに（➡はじめまして）too. こちらこそ ／ I'd like to introduce 私はご紹介したいのです you あなた方を to my colleague, Robert Jones. 私の同僚のロバートジョーンズに ／
Hi Robert, ハイ、ロバート this is Katy and George Brown. こちらがケイティー、ジョージブラウン夫妻です ／

George　Mr. Robert Jones, ロバートジョーンズ様 I'd like to introduce 私は紹介したいのですが you あなたを to Mr. Arnold Watkins アーノルドワトキンス氏に from ABC radio. ABC ラジオの ／

Robert　Pleased 嬉しいです to meet お会いして you, あなたに Mr. Watkins. ワトキンス様 ／
I'd like 私は望みます you あなたが to meet 会うことを my assistant, Mr. Rick Johnson. 私のアシスタントのリックジョンソン氏と ／

George　Nice 嬉しいです to meet お会いして you. あなたに ／

Rick　Nice 嬉しいです to meet お会いして you, あなたに too. こちらこそ ／

George My boss really wanted to meet 私の上司がぜひ（本当に）会いたがっていました you, あなたに but しかし he couldn't leave 彼は出られませんでした when ときに we left 私達が出た the office, 会社を so それで he'll be coming 彼は来る予定です late. 遅れて ／ I'd like to introduce 私は紹介したいです you あなたを to him 彼に later on. 後ほど ／

Robert Thank you. ありがとうございます ／ Have you met 会ったことがありますか？ my boss 私の上司に before? 以前 ／

George No, いいえ I have never met 私はお会いしたことがありません him. 彼に ／

SKIT 5-B

Robert Linda, リンダ who's 誰ですか？ that guy あの男は over there? あそこの ／

Linda He's one 彼は１人です of their staff members. 彼らの部下達の ／

SKIT 6 パーティーの開会です

Ladies and Gentlemen, thank you for coming to our party.

SKIT 6-A

Jennifer Ladies and Gentlemen, 紳士淑女の皆さん thank you ありがとうございます for coming お越しいただきまして to our party. 私達のパーティーに ／ I'm your host, 私はあなた方の司会者です Jennifer Edwards. ジェニファーエドワーズです ／ Today, 本日 Tracie is トレーシーがいます here ここに to make するために an opening address 開会の辞を to you. あなた方に ／

SKIT 6-B

Jennifer Ladies and Gentlemen, 紳士淑女の皆さん may I have 持ってもよろしいですか？ your attention, あなた方の注意を please? お願いします ／
Quiet down, 静かにしてください please. お願いします ／
I'd like to make a toast 私は乾杯をしたい to our company. 私達の会社に ／ May 望んでいます you all あなた達皆さんが be healthy, happy and successful in business. 健康で幸せで、仕事がうまくいきますようにと ／ Cheers! 乾杯 ／

Everyone Cheers! 乾杯 ／

SKIT 7 自己紹介はまだでしたね I don't think we've met.

SKIT 7-A

Katy Where どこに did you say あなたは言いましたか？ you lived? あなたが住んでいると ／

Alan In Meguro. 目黒です ／

Katy Oh yes, that's right. ああ、そう、そうだった ／

George What 何と did you say あなたは言いましたか？ you did? あなたがしていると ／

Alan I'm a branch manager. 私は支店長です ／

George Oh yeah, that's right. ああ、そうでしたね ／

SKIT 7-B

George I don't think 私は思いません we've met. 私達が会ったとは（➡自己紹介がまだでしたよね） ／ My name is George. 私の名前はジョージです ／

Bill My name is Bill. 私の名前はビルです ／ Nice 嬉しいです to meet お会いして you, あなたに George. ジョージ ／

SKIT 8 お久しぶりです Long time, no see.

SKIT 8-A

Robert Long time, no see, お久しぶりです Dave! デーブ ／

David Good いいですね to see you, あなたに会えて Bob! ボブ ／ It's been それはなりますね a while. ずいぶんの間に ／ It's been それはなりますね about two years. およそ２年間に ／

Robert Yeah, はい I guess 私は推察します so. そのように ／

SKIT 8-B

Linda Hi, Tracie! ハイ、トレーシー ／ It's great 素敵だわ to see 会えて you あなたに again! もう一度 ／

Tracie Thanks, ありがとう Linda. リンダ ／ It's great 素敵ね to be back 戻ってきて in Tokyo. 東京に ／

SKIT 8-C

Sandra Hey, ハイ Tracie! トレーシー ／ Nice 嬉しいわ to see 会えて you あなたに again! もう一度 ／

Tracie Thanks, ありがとう Sandra. サンドラ ／ I'm very glad 私はとても嬉しいわ to be back 戻ってこれて again. もう一度 ／

SKIT 9 楽しかったです
I had a great time at your party.

Katy　I had 私は持ちました a great time 素晴らしいときを at your party, あなたのパーティーで thank you. ありがとうございます ／

George　There are そこにはあります no words ゼロの言葉を to express 表現するための my gratitude. 私の感謝を（➡お礼の言葉もございません）／

Jennifer　I'm glad 私は嬉しいです you enjoyed あなた方が楽しんでくれて it. それを ／ Be sure 確かにしてください to visit 訪れることを us 私達を again soon. またすぐに ／

●付き合い・Socializing

SKIT 10 飲みに行こうよ
Let's stop for a drink.

David It's important それは重要だよ to get along うまくやることは with your colleagues. 同僚と ／

Robert I know. わかってるさ ／ I'm trying 私はやってみている to be friendly フレンドリーでいるように to everybody. 皆に ／ By the way, ところで we should get together 私達は出かけようよ sometime. いつか ／

David Speaking of that, そう言うのなら let's stop 寄って行こうよ for a drink 飲みに after work. 仕事の後で ／ I'll treat 私はおごるよ you あなたに tonight. 今晩 ／ It's on me. 今晩は私持ちさ ／

Vocabulary & Structure Building
重要ボキャブラリー＆重要構文

●招待・Invitation

SKIT 1

A receive　受け取る

B invitation　招待状

C wedding ceremony　結婚式

D wedding reception　結婚披露宴

E accept　受ける

F definitely　絶対に

G Are you coming?　（私は行くけど）あなたも来る？

H Yes, I sure am.　はい、私は確かにそうします

自分達が参加するパーティーに「あなたは行く？」と尋ねるときは、“Are you coming?”と“come”を使います。あたかも、パーティー会場で会いそうな感じですね。
でも、自分達が参加するかどうかは、あまり問題ではなく、「ナンシーのパーティーにあなたは行くの？」と尋ねる場合は、“Are you going to Nancy's party?”と“go”を使います。
“Yes, I sure am.”は、「ビルの招待を受けますか？」という質問に対してのレスポンスです。
行くのであれば、例文のLindaのように、

Yes, はい I sure am. 私は確かに行きます ／

とか、

I'm looking forward 私は楽しみにしています **to it.** それを ／

などと言いましょう。
実際には、次のように使います。

Robert：**I'm** definitely **going** 私は間違いなく行くつもりです **to both.** 両方に ／ Are you coming? あなたは来る？ ／

Linda　：**Yeah,** ええ **I'm looking forward** 私は楽しみにしています **to it.** それを ／

また、招待する本人から、「パーティーに来ていただけますか？」と聞かれた場合、「行きたい」のであれば、「是非そうしたいです」という表現の“I'd love to”を使うといいでしょう。

A：Would you like あなたは望みますか？ to see 見ることを a movie 映画を with me? 私と一緒に ／

B：Yes, はい I'd love to. 喜んで ／

I Congratulations on ～　～におめでとう

SKIT 2-A

A boss　上司

B for good　永久に／ずっと

「永久に」と言いたいとき、“forever”もよく使われます。

C miss　寂しむ／惜しむ

D throw　開催する

「開催する」は、通常“hold”を用いますが、友人同士で使うには少しフォーマル（formal）すぎてしまいます。日常会話では、“have”や“throw”を用いることが多いので、要注意。

E farewell party　お別れ会

F That's a good idea.　それは、いい考えだ

G had better ～　～しなければなりません

“had better”は、「～しなさい。さもないと…」という意味で、強い言い方です。自分に使うときには“have to ～ ”と同じくらいに使えますが、他人にはよっぽど急を要するときや警告以外には使わないようにしましょう。

SKIT 2-B

A potluck party　持ち寄りのパーティー

B casserole　蒸し焼き鍋／キャセロール

アメリカの持ち寄りパーティーでは、通常“casserole（蒸し焼き鍋／キャセロール)"を作るか、何かを持ってくることが多いです。この"casserole"、日本ではあまりなじみがない人も多いですね。なお、このストーリーの"chicken casserole"は、「チキン・キャセロール」か「蒸し焼きチキン鍋」と訳しておけばいいでしょう。

SKIT 3-A

A Why don't you ～？ ～しませんか？

B drop in ふらりと立ち寄る

「ふらりと立ち寄る」には、このほかにも"drop by" "stop by" "come by"がよく使われます。
この中で"stop by"と"come by"は、"on you"とは一緒に使えません。"**I may stop by** ／ **come by** 私はふらりと立ち寄るかもしれません **to see you.** あなたに会いに ／"となり、通常、不定詞を従えます。

SKIT 3-B

A convenient 都合がいい

B expect 期待します

このSKITで出てくる、**I'll be** expecting 私は期待します **you** あなたを **at ten.** 10時に ／ は、**I'll see** 私は会いましょう **you** あなたに **at ten.** 10時に ／ と同じ意味です。

SKIT 3-C

A inconvenience 不便

B make up to ～ ～に埋め合わせをする

このSKITでは、**Let** させて **me** 私に make **it** up その埋め合わせを to **you.** あなたに ／ を使っていますが、ふつうに「～の埋め合わせをする」と言うなら、以下の例題のように"make up for ～"を使います。
I had to make up 私は埋め合わせをしなくてはならなかった for **lost time.** 失われた時間の ／
"make up for ～"を、"compensate for ～"に置き換えても同じ意味です。

SKIT 3-D

A **decline**　断る

「断る」と言いたいとき"turn down"もよく使われます。

●パーティー・Party

SKIT 4

A **welcome**　ようこそ

B **foundation party**　創立記念パーティー

C **Make yourselves at home.**　くつろいでください

相手が1人の場合は、"Make yourself at home."と言います。

D **sit down**　座る／腰かける

E **Would you like ～？**　お望みですか

F **What would you like?**　何をお望みですか？

G **I'll have ～**　私は～をいただきます

SKIT 5-A

A **Nice to meet you.**　はじめまして（どうぞ、よろしくお願いします）

B **Nice to meet you, too.**　こちらこそ、どうぞよろしく

C **Pleased to meet you.**　はじめまして（どうぞ、よろしくお願いします）

「はじめまして」は、上記の"Nice to meet you." "Pleased to meet you."以外に"Glad to meet you."もよく使われます。

D I'd like to introduce you to ～　あたなを～に紹介したいのですが

だれかを紹介したいとき"I'd like you to meet ～ "もよく使われます。

E Have you met ～ before?　以前、～にお会いしたことがありますか？

SKIT 5-B

A staff member　部下

SKIT 6-A

A Ladies and gentlemen　紳士淑女の皆さん

B host　司会者

C opening address　開会の辞

SKIT 6-B

A Quiet down　静かにしてください

B make a toast　乾杯をする

C May ～　～でありますように

パーティーの開会を宣言するようなときは、このSKITで紹介した以下のような"May"を使った表現がよく使われます。

May 望んでいます **you all** あなた達皆さんが **be healthy, happy and successful in business.** 健康で幸せで、仕事がうまくいきますようにと ／ **Cheers!** 乾杯 ／

SKIT 7-A

A Where did you say you lived?　どこに住んでいると、あなたは言いましたか？

B What did you say you did?　職業は何だと言っていましたか？

SKIT 7-B

A I don't think we've met.　（お互いに）自己紹介はまだでしたね

SKIT 8-A

A Long time, no see.　お久しぶりです

B It's been a while.　ずいぶんの間になりますね

SKIT 8-B

A It's great to see you again!　また、お会いできて嬉しいです

B It's great to be back.　戻ってきて、嬉しいです

SKIT 8-C

A Nice to see you again!　また、お会いできて嬉しいです

SKIT 9

A have a great time　素晴らしいときを持つ

"have a great time"の代わりに"have a good time"もよく使われます。

B gratitude　感謝

●付き合い・Socializing

SKIT 10

A **get along (well) with**　仲良くやる

B **get together**　出かける

C **Speaking of ～**　～と言うのなら

D **stop for a drink**　飲みに寄って行く

E **treat**　おごる

F **It's on me.**　私のおごり

「私のおごり」と言うとき"It's my treat."もよく使われます。

Speaking Lesson
4ステップ・スピーキング

● 招待・Invitation

A あなたは、彼の招待を受けますか？

Are you going to accept his invitation?

あなたは受けますか？ ➡ Are you going to accept

彼の招待を ➡ his invitation? ／

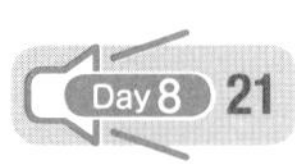

B 知ってる？　来月、私達の上司のジェーミーは転勤になるのよ。

You know our boss, Jamie, is going to be transferred next month.

知ってる？ ➡ You know

私達の上司のジェーミーは転勤させられるのよ
➡ our boss, Jamie, is going to be transferred

来月 ➡ next month. ／

C 私は、彼のためにお別れ会を開きたいです。

I'd like to throw a farewell party for him.

私は開きたい ➡ I'd like to throw

お別れ会を ➡ a farewell party

彼のために ➡ for him. ／

●パーティー・Party ………………………………

A 何かお飲み物はいかがですか？

Would you like **something to drink**?

お望みですか？ ➡ Would you like

何かを ➡ something

飲むための ➡ to drink? ／

B 私は白ワインをお願いします。

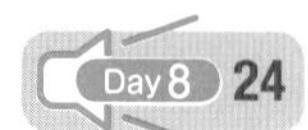

I'll have **a white wine, please.**

私はいただきます ➡ I'll have

白ワインを ➡ a white wine,

お願いします ➡ please. ／

C あなたに私のアシスタントをやっているリックジョンソンに会っていただきたいのですが。

I'd like you to meet my assistant, Mr. Rick Johnson.

私は望みます ➡ I'd like

あなたが ➡ you

会うことを ➡ to meet

私のアシスタントのリックジョンソン氏と
➡ my assistant, Mr. Rick Johnson. ／

Check this out!

身につければ日常会話は完ぺき!

ボキャブラリー＆構文⑧

ページの左側に英語を、右側に日本語を載せていますので、どちらかを隠して覚えているか確認していきましょう。

わからなかったものには、左側の□マークにチェック（✓）を入れます。これをわからないボキャブラリーや構文がなくなるまで行いましょう。

□ receive	□ 受け取る
□ invitation	□ 招待状
□ wedding ceremony	□ 結婚式
□ wedding reception	□ 結婚披露宴
□ accept	□ 受ける
□ definitely	□ 絶対に
□ Are you coming?	□ （私は行くけど）あなたも来る?
□ Yes, I sure am.	□ はい、私は確かにそうします
□ Congratulations on ～	□ ～におめでとう
□ boss	□ 上司
□ for good	□ 永久に／ずっと
□ miss	□ 寂しむ／惜しむ
□ throw	□ 開催する
□ farewell party	□ お別れ会
□ That's a good idea.	□ それは、いい考えだ
□ had better ～	□ ～しなければなりません
□ potluck party	□ 持ち寄りのパーティー
□ casserole	□ 蒸し焼き鍋／キャセロール
□ Why don't you ～?	□ ～しませんか?
□ drop in	□ ふらりと立ち寄る
□ convenient	□ 都合がいい
□ expect	□ 期待します
□ inconvenience	□ 不便
□ make up to ～	□ ～に埋め合わせをする
□ decline	□ 断る
□ welcome	□ ようこそ
□ foundation party	□ 創立記念パーティー

□ Make yourselves at home.	□ くつろいでください
□ sit down	□ 座る／腰かける
□ Would you like ～?	□ お望みですか
□ What would you like?	□ 何をお望みですか？
□ I'll have ～	□ 私は～をいただきます
□ Nice to meet you.	□ はじめまして（どうぞ、よろしくお願いします）
□ Nice to meet you, too.	□ こちらこそ、どうぞよろしく
□ Pleased to meet you.	□ はじめまして（どうぞ、よろしくお願いします）
□ I'd like to introduce you to ～	□ ～を紹介したいのですが
□ Have you met ～ before?	□ 以前、～にお会いしたことがありますか？
□ staff member	□ 部下
□ Ladies and gentlemen	□ 紳士淑女の皆さん
□ host	□ 司会者
□ opening address	□ 開会の辞
□ Quiet down	□ 静かにしてください
□ make a toast	□ 乾杯をする
□ May ～	□ ～でありますように
□ Where did you say you lived?	□ どこに住んでいると、あなたは言いましたか？
□ What did you say you did?	□ 職業は何だと言っていましたか？
□ I don't think we've met.	□（お互いに）自己紹介はまだでしたね
□ Long time, no see.	□ お久しぶりです
□ It's been a while.	□ ずいぶんの間になりますね
□ It's great to see you again!	□ また、お会いできて嬉しいです
□ It's great to be back.	□ 戻ってきて、嬉しいです
□ Nice to see you again!	□ また、お会いできて嬉しいです
□ have a great time	□ 素晴らしいときを持つ
□ gratitude	□ 感謝
□ get along (well) with	□ 仲良くやる
□ get together	□ 出かける
□ Speaking of ～	□ ～と言うのなら
□ stop for a drink	□ 飲みに寄って行く
□ treat	□ おごる
□ It's on me.	□ 私のおごり

第9日目

おしゃれ、服装

今回のテーマは服装です。社会生活を営むうえで、外見（appearance）はとても大切です。服を着る、服を脱ぐといった基本的な表現は、日常的に必要な言葉でしょう。また、ファッションやおしゃれの話は誰もが好きな話題です。さらにここでは、会社での服装規定や服の修理などの表現も学びます。
これらのストーリーを通して、服装についてのボキャブラリーを覚えていきましょう。
ではまず、ストーリーを通して、重要事項を5ステップ・リスニングで高速INPUTしていきましょう。

Story Listening
5ステップ・リスニング

●おしゃれ・Fashionable

SKIT 1 とてもおしゃれだね
You are so fashionable today.

Robert You are so fashionable あなたはとてもおしゃれだね today. 今日 ／ What's 何ですか？ the occasion? その行事は ／

Michael Yeah, ああ I 'm going 私は行きます to my friend's farewell party 私の友人のお別れ会に tonight. 今晩 ／

Robert By the way, ところで you are always neatly dressed. あなたはいつもきちんと着ているね ／

Michael Oh, ああ thanks. ありがとう ／ I try 私は試みているんだ to be neat きちんとするように because なぜなら I believe 私は信じている your appearance shows その人の外見が表すと how どのように you feel その人が感じるか on the inside. 内側で ／

●仕事の面接・Job interview

SKIT 2 服装規定はありますか？
Do you have a dress code?

Applicant（応募者） I have 私は持っています just one more question. あともうひとつだけの質問を ／

Interviewer（面接官） Sure. いいですよ ／ Go ahead. どうぞ ／

Applicant Do you have あなたは持っていますか？ a dress code? 服装規定を ／

Interviewer Yes, はい we do. 私達は持っています ／ You have to wear あなたは着なくてはいけません a suit, tie and dress shirt スーツ、ネクタイ、そしてワイシャツを every day 毎日 at work 職場では except on Fridays. 金曜日を除いて ／

Applicant So, それでは on Fridays, 金曜日には what 何を should I wear? 私は着なくてはなりませんか？ ／

Interviewer Well, ええと all the employees are allowed すべての従業員は許されています to wear 着ることを casual clothes. ラフな洋服を ／

●着る・Wear

SKIT 3 コートを着たほうがいいですよ You should put on a coat.

SKIT 3-A

Mary It's very cold とても寒いです outside. 外は ／ You should put on あなたは着たほうがいいですよ a coat. コートを ／

James Do you think あなたは思いますか？ I should wear 僕が着るべきだと gloves and a scarf 手袋とマフラーを as well? もまた ／

SKIT **3-B**

Robert I got soaked 私はずぶ濡れになったよ even though I was wearing 私が着ていたにもかかわらず a raincoat. レインコートを ／

Mary You should take off あなたは脱いだほうがいいですよ your wet clothes あなたの濡れている洋服を right away, 今すぐに and dry そして乾かしたほうがいいですよ them. それらを ／

Robert Yeah. そうだね ／ I'll change 私は着替えるよ into my pajamas. パジャマに ／

●似合う・Good on you

SKIT 4 あなたに似合ってるよ It looks good on you.

SKIT **4-A**

Robert These pants are in fashion これらのズボンは流行ってるね this year. 今年 ／

Michael They look それらは見えるよ great! よく ／ They look それらは見えるよ really good on you. 本当にあなたに似合って ／

SKIT **4-B**

Michael The purple jacket doesn't match その紫のジャケットは合いません your trousers. あなたのズボンに ／ The yellow tie doesn't match その黄色のネクタイは合いません your suit あなたのスーツに either. また ／

Robert I know. わかってるよ ／ Could you choose 選んでもらえませんか？ a jacket and tie ジャケットとネクタイを for me? 私に ／

Michael Sure. いいよ ／ How about this gray jacket? このグレーのジャケットはどう？ ／ It looks それは見えるよ good on you. あなたに似合って ／

SKIT 4-C

Linda I gained 私は増えました weight, 体重が and そして this dress doesn't fit このドレスは入りません me 私には any longer. もはや ／ It may fit それは入るかもしれない you, あなたには Susan. スーザン ／

Susan It's my size それは私のサイズです but でも it's それはあります too showy and too revealing 派手すぎて透けすぎで for me. 私には ／

Linda No. いいえ ／ It suits それは似合いますよ you あなたに well. よく ／

●直し・Alteration

SKIT 5 直しはできますか？ Can you do alterations?

SKIT 5-A

Richard I like 私は好きです these pants, これらのズボンが but でも they are a little bit too long 少し長すぎます for me. 私には ／ Do you do あなた方はしますか？ alterations? 直しを ／

Shop clerk（店員） Yes, sir. はい、お客様 ／

Richard Well, ええと could you have してもらえますか？ them それらを shortened 短く about two centimeters? およそ２センチ ／

SKIT 5-B

Susan One 片方が of my sleeves 私のそでの got caught 引っかかりました on a nail クギに and tore. そして切れました ／ Could you mend 直してもらえますか？ it それを for me? 私のために ／

Vocabulary & Structure Building 重要ボキャブラリー＆重要構文

●おしゃれ・Fashionable

SKIT 1

A fashionable　流行の

「流行の」と言うとき"stylish"や"good" "great" "cool"なども使われます。

B occasion　特別な場合

"occasion（場合）"は、特別の場合を表す単語です。たとえば、誰かがいきなり正装していたら、"What's the occasion?"とよく言います。日本人は「T.P.O.（Time Place Occasion）をわきまえて」と言うことがありますが、このときの"occasion"は間違った使われ方をしています。「場合をわきまえる」ということは、「場合によりけり」という意味なので、"**depending on** よって **the situation** 場合に ／"となります。注意が必要です。

C farewell party　お別れ会

D neatly　きちんと

E dress　着る

F neat　きちんとした

G appearance　外見

「ルックス」は、和製英語。英語では"appearance"という単語を使います。
外国でも、見た目（appearance）は、重要です。
このストーリーの"I believe"以下の言い方も次の3種類があります。違いを見てみましょう。

I believe 私は信じている **your** appearance **shows** その人の外見が表すと **how** どのように **you are feeling** その人が感じているか **inside.** 内側で ／
I believe 私は信じている **your** appearance **reflects** その人の外見が反映すると **your personality.** その人の人格を ／
I believe 私は信じている **your** appearance **shows** その人の外見が表すと **your personality.** その人の人格を ／

●仕事の面接・Job interview

SKIT 2

A dress code　服装規定

B wear　着る

C suit　スーツ

D tie　ネクタイ

E dress shirt　ワイシャツ

F except ～　～を除いて

G be allowed　許されている

H casual clothes　ラフな服装

日本では、普段着のような服装をラフな服装と言っていますが、英語で"rough"な服装と言ったら「ズタボロの服」という意味になってしまいますので、要注意！

●着る・Wear

SKIT 3-A

A put on　着る

B gloves　手袋

C scarf　マフラー

SKIT 3-B

A get soaked　ずぶ濡れになる

B be wearing　着ている

C raincoat　レインコート

D take off　脱ぐ

E dry　乾かす

F change into　着替える

G pajamas　パジャマ

American English（米語）とBritish English（英語）では、「パジャマ」の綴りが違います。“pajamas（米語）” “pyjamas（英語）”となります。

●似合う・Good on you

SKIT 4-A

A in fashion　流行っている

B good on　似合って

SKIT 4-B

A jacket　ジャケット

B match　合う

C trousers　ズボン

「ズボン」は、米語と英語では異なります。“pants（米語）” “trousers（英語）” “slacks（古い米語）”と言います。ちなみに、“pants”は、米語では「ズボン」を意味しますが、英語では「下着のパンツ」のことを言います。

SKIT 4-C

A gain weight　体重が増える

「体重が増える(gain weight)」の反対の「体重が減る」は"lose weight"です。「体重が増える」は"put on weight"とも言います。

B fit　おさまる

C any longer　もはや

「もはや」は"any more"もよく使われます。「もはや〜ない」は"not 〜 any longer"か"not 〜 any more"のどちらかです。覚えておきましょう。

D showy　派手

「派手」と言いたいとき"loud"も使われます。

E revealing　透けている

F suit　似合う

●直し・Alteration

SKIT 5-A

A alteration　(洋服の)直し

B shorten　短くする

SKIT 5-B

A sleeve：そで

B get caught on　引っかかる

C nail　クギ

D tear　裂ける

"tore"は"tear"の過去形です。「裂ける」は"rip"もよく使われます。

E mend　直す

Speaking Lesson
4ステップ・スピーキング

セオリー Day 8 Day 9 Day 10 Day 11 Day 12 Day 13 Day 14

● おしゃれ・Fashionable

A 私は、今晩友人のお別れ会に行きます。

I'm going to my friend's farewell party tonight.

私は行きます ➡ I'm going

私の友人のお別れ会に ➡ to my friend's farewell party

今晩 ➡ tonight. ／

● 仕事の面接・Job interview

A 職場では、金曜日を除いて毎日、スーツ、ネクタイ、そしてワイシャツを着なくてはいけません。

You have to wear a suit, tie and dress shirt everyday at work except on Fridays.

あなたは着なくてはいけません ➡ You have to wear

スーツ、ネクタイ、そしてワイシャツを ➡ a suit, tie and dress shirt

毎日 ➡ everyday

職場では ➡ at work

金曜日を除いて ➡ except on Fridays. ／

B 従業員は、ラフな服でいることを許されています。

All the employees are allowed to wear casual clothes.

すべての従業員は許されています ➡ All the employees are allowed

着ることを ➡ to wear

ラフな洋服を ➡ casual clothes. ／

● 着る・Wear

A 手袋とマフラーもしたほうがいいと思いますか？

Do you think I should wear gloves and a scarf as well?

あなたは思いますか？ ➡ Do you think
私が着るべきだと ➡ I should wear
手袋とマフラーを ➡ gloves and a scarf
もまた ➡ as well? ／

B レインコートを着ていたのに、ずぶ濡れになっちゃいました。

I got soaked even though I was wearing a raincoat.

私はずぶ濡れになった ➡ I got soaked
私が着ていたにもかかわらず ➡ even though I was wearing
レインコートを ➡ a raincoat. ／

● 似合う・Good on you

A その紫のジャケットは、あなたのズボンに合いません。

The purple jacket doesn't match your trousers.

その紫のジャケットは合いません ➡ The purple jacket doesn't match
あなたのズボンに ➡ your trousers. ／

B それはあなたによく似合っていますよ。

It suits you well.

それは似合いますよ ➡ It suits
あなたに ➡ you
よく ➡ well. ／

A ええと、それを２センチ位、短くしてもらえますか？

Well, could you have it shortened about two centimeters?

ええと ➡ Well,

してもらえますか？ ➡ could you have

それを ➡ it

短く ➡ shortened

およそ２センチ ➡ about two centimeters? ／

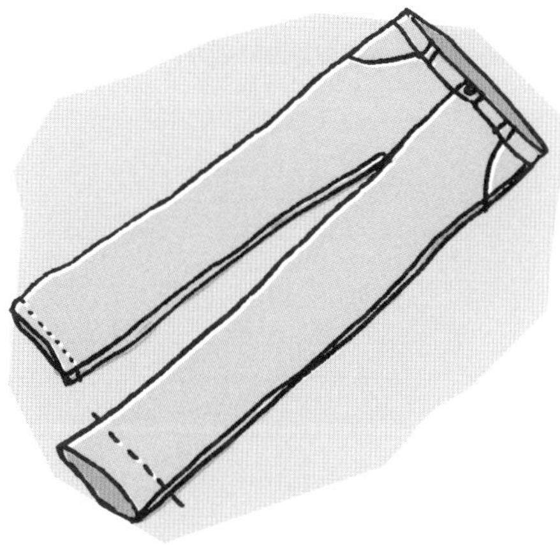

Check this out!

身につければ日常会話は完ぺき!

ボキャブラリー＆構文⑨

ページの左側に英語を、右側に日本語を載せていますので、どちらかを隠して覚えているか確認していきましょう。

わからなかったものには、左側の□マークにチェック（✓）を入れます。これをわからないボキャブラリーや構文がなくなるまで行いましょう。

□ fashionable	□ 流行の
□ occasion	□ 特別な場合
□ farewell party	□ お別れ会
□ neatly	□ きちんと
□ dress	□ 着る
□ neat	□ きちんとした
□ appearance	□ 外見
□ dress code	□ 服装規定
□ wear	□ 着る
□ suit	□ スーツ
□ tie	□ ネクタイ
□ dress shirt	□ ワイシャツ
□ except ～	□ ～を除いて
□ be allowed	□ 許されている
□ casual clothes	□ ラフな服装
□ put on	□ 着る
□ gloves	□ 手袋
□ scarf	□ マフラー
□ get soaked	□ ずぶ濡れになる
□ be wearing	□ 着ている
□ raincoat	□ レインコート
□ take off	□ 脱ぐ
□ dry	□ 乾かす
□ change into	□ 着替える
□ pajamas	□ パジャマ
□ in fashion	□ 流行っている

□ good on	□ 似合って
□ jacket	□ ジャケット
□ match	□ 合う
□ trousers	□ ズボン
□ gain weight	□ 体重が増える
□ fit	□ おさまる
□ any longer	□ もはや
□ showy	□ 派手
□ revealing	□ 透けている
□ suit	□ 似合う
□ alteration	□ （洋服の）直し
□ shorten	□ 短くする
□ sleeve	□ そで
□ get caught on	□ 引っかかる
□ nail	□ クギ
□ tear	□ 裂ける
□ mend	□ 直す

COLUMN

英語上達を阻害する和製英語④
～洋服、服装、ファッション～

ここでは、洋服、服装、ファッションの和製英語を見ていきましょう。
「ズボン」は英語ではありません。“pants” が正しい英語です。少し古い言い方ですが、“slacks” というのもあります。イギリスでは “trousers” と言うのが一般的です。

日本人にとって「パンツ（pants)」と聞くと「ショートパンツ」のように短いものを思い浮かべますが、それは間違っています。それどころか、「ショートパンツ」も和製英語です。正しくは “shorts” です。
「ノースリーブ」も和製英語。“sleeveless” が正しい英語です。
「ワンピース」も和製英語で、英米人が “one piece” と聞くと、「女子の競泳用の水着」を思い浮かべるでしょう。「ワンピース」は “dress”、または “summer dress” と覚えてください。
「ワイシャツ」も海外では全然通じません。“dress shirt” が正しい英語です。「ランニングシャツ」は、英語で “tank top” または “running vest” です。「パンスト」「パンティーストッキングス」という英語はありません。“panty hose” と言います。また英語では “stockings” と言う場合は、両足分が１つにつながっていません。つながっているものを “tights” とも言います。
「ラフな服装」の場合の “rough” は「ぼろぼろの服装」を意味します。英語では “casual clothing” と言います。

髪型の「ショートカット」も和製英語です。英語で “short cut” と言うと「近道」のことになります。“short hair” と言うのが正しい英語です。

次は「スマート」です。英語の “smart” には「痩せている」という意味はありません。“slim” “thin” “skinny” などが「痩せている」という意味です。“smart”は、外見を言う場合は「頭がよさそうに見えてかっこいい」「シャープな感じ」という意味です。
「オーダーメイド」も海外では通じません。“tailor made” “made-to-order” “custom made” が正しい英語です。また、“tailored（オーダーメイドの）“もよく使われます。

第10日目

余暇、趣味

今回は、自分の趣味や余暇の過ごし方を英語で言えるようになるための学習です。
散歩をしたり、音楽を聴いたり、本を読んだり、映画を観たり、ドライブに行ったりといった気晴らしから、写真を撮る、花を植えるなどの趣味や余暇の過ごし方までの表現を覚えましょう。
まずは、ストーリーを通して、重要事項を5ステップ・リスニングで高速INPUTしていきましょう。

Story Listening
5ステップ・リスニング

●気晴らし・Pastime

SKIT 1 一番好きな気晴らしは何ですか？
What's your favorite pastime?

SKIT **1-A**

Richard　What's 何ですか？ your favorite pastime? あなたの一番好きな気晴らしは ／

David　I often play 私はしばしば遊びます video games テレビゲームで and そして walk my dog 犬の散歩をします in the park. 公園に ／ How about you, あなたはどう？ Richard? リチャード ／

Richard　I usually listen 私はふだん聴きます to music, 音楽を but でも I sometimes read 私は時々読みます books. 本を ／
Oh, ああ actually, 実は I've read 私は読みました the bestselling book, そのベストセラーの "Love Songs", 『ラブソングス』を recently. 最近 ／ I was moved 私は感動しました and そして it made それはしました me 私が cry. 泣くことを ／ I really recommend 私は本当に勧めます that 次のことを you read あなたが読むべきだと it. それを ／

David　Oh, ああ really? 本当に？ ／ Could you lend 貸してくださいませんか？ it それを to me? 私に ／

SKIT 1-B

Rachel Would you like to go 行くことを望みますか？ to see a movie 映画に tonight? 今晩 ／ The suspense movie, "Traps 1", そのサスペンス映画『トラップス 1』は is showing 上映中です at the theater その映画館で near the station. その駅の近くの ／

Michael Sure. いいね ／ I'd love to. 喜んで ／

SKIT 1-C

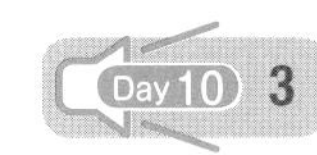

Robert Let's go 行きましょう for a drive ドライブに to the beach 海岸に today. 今日 ／

Mary That sounds それは聞こえる great. 素晴らしく ／ It also looks それはまた見えます like 以下のように it's going to be それはなるでしょう a nice weekend よい週末に for camping キャンプにも in the mountains. 山の中で ／

SKIT 1-D

David We've got 私達は持っています two hours 2時間 before 前に we board 私達が搭乗する the airplane. 飛行機に ／ What 何を shall we do 私達はしましょうか？ to kill time? 時間をつぶすために ／

Michael Well, うーん we should just wait 私達はただ待つべきだね in the members' lounge メンバー用のラウンジで until the boarding time comes. 搭乗時間が来るまで ／ Then, それから we'll wait 私達は待ちましょう in line 列に to board. 搭乗するための ／

SKIT 1-E

Rachel The weather is beautiful. 天気は美しいです ／ It's a good day それはいい日です to go on a picnic. ピクニックに行くのに ／

Michael That's a good idea. それはいい考えだね ／ Will you prepare 用意してくれる？ lunch 昼食を for us? 私達のために ／

SKIT 1-F

Richard Would you like to go あなたは行くのをお望みですか？ hiking ハイキングに on Mt. Fuji 富士山に next weekend? 来週末 ／

Linda That sounds それは聞こえる interesting, 面白そうに but でも climbing 登ることは to the top 頂上まで of Mt. Fuji 富士山の seems very tough. 大変そうです ／ So, それで let's not climb 登らないようにしましょう so hard. そんなにハードには ／

●趣味・Hobbies

SKIT 2 あなたの趣味は何ですか？ What are your hobbies?

Michael What 何を do you do あなたはしますか？ in your free time? あなたの自由時間に ／

Rachel　I spend 私は費やします all すべてを of my leisure time 私の余暇時間の painting. 絵画に ／ I'm devoted 私は捧げています（➡すごく打ち込んでいます）to it. それに ／ I am going to hold 私は開くつもりです my private exhibition 私の個展を next week. 来週 ／ Please お願いします come, 来てください if もしも you have あなたが持っていたら time. 時間を ／ How about you, あなたはどう？ Michael? マイケル ／ What are 何ですか？ your hobbies? あなたの趣味は？ ／

Michael　I've gotten really into 私は本当にハマッています photography 写真に recently. 最近 ／
Robert, ロバート you are really into あなたは本当にハマッているよね planting flowers, 花を植えることに right? でしょ？ ／

Robert　Yes, うん I am growing 私は育てています many kinds たくさんの種類を of roses バラの in my garden. 私の庭で ／

Michael　I think 私は思います you have あなたは持っていると a green thumb. 庭師の才能を ／ I know 私は知っているよ you've also been into あなたがまた、ずっとハマッているのを carpentry 大工仕事に recently. 最近 ／ It sounds それは聞こえます like 以下のように you are good あなたは得意である with your hands. 手仕事が ／

Robert　Thanks. ありがとう ／

TIPS "you've also been into carpentry recently" の代わりに "you're also into carpentry." と現在形で表現することも可能ですが、その場合、"recently" はつけません。

Vocabulary & Structure Building 重要ボキャブラリー＆重要構文

●気晴らし・Pastime

SKIT 1-A

A pastime　気晴らし

B play video games　テレビゲームをする

C walk the dog　犬の散歩をする

D listen to music　音楽を聴く

E read books　読書をする

F bestselling book　ベストセラー本

G be moved　感動する

H lend　貸す

SKIT 1-B

A go to see a movie　映画に行く

「映画に行く」は“go to”が入らない“see a movie”もよく使われます。

B suspense　サスペンス

SKIT 1-C

A go for a drive　ドライブに行く

B beach　海岸

C sound　聞こえる

SKIT 1-D

A board　搭乗する

B kill time　時間をつぶす

C wait　待つ

D boarding time　搭乗時間

E wait in line　列に待つ

SKIT 1-E

A go on a picnic　ピクニックに行く

B prepare lunch　昼食を用意する

SKIT 1-F

A go hiking　ハイキングに行く

「ハイキングに行く」は“go for a hike”や“hike (to ～) ”もよく使われます。
“go ～ ing”には「～しに行く」という意味があります。

Let's go shopping. 買い物に行こう ／

また、“go ～ ing”は、“play”を使わないで表現するスポーツに使われることが多くなっています。

Let's go skiing. スキーに行こう ／
Let's go jogging. ジョギングに行こう ／

B climb　登る

C to the top　頂上まで

●趣味・・Hobbies

SKIT 2

A in your free time　あなたの自由時間に

B leisure　余暇

C painting　絵画

D be devoted to ～　～にすごく打ち込んでいる

“be devoted to ～”は「～に捧げている」と、とても強い意味となり、通常は仕事に使います。このSKITではRachelにとって絵画を描くことが、趣味を超えて、仕事よりも打ち込んでいるものとなっているので使っています。

E exhibition　展覧会

F private exhibition　個展

G hobby　趣味

H be into ～／ get into ～　～にハマッている

「～にハマッている」を表現するとき “become interested in ～” もよく使われます。
「私は、近頃、写真にハマッている」というのは、以下の3通りで覚えておきましょう。「近頃（recently）」を用いることができるのは、現在完了形だけだということも覚えておいてくださいね。

I've gotten into 私はハマッています **photography** 写真に **recently.** 最近 ／
I've been into 私はハマッています **photography** 写真に **recently.** 最近 ／
I've become interested 私はハマッています in **photography** 写真に **recently.** 最近 ／

I photography　写真

J plant　植える

K flower　花

“planting flowers”は、もちろん“gardening（庭仕事、ガーデニング）”と同じことです。皆さんには、“plant（植える）”を覚えてほしかったので、あえて“planting flowers”を使いました。

L **grow**　育てる

M **kind**　種類

N **rose**　バラ

O **a green thumb**　庭師の才能

“a green thumb”はAmerican English（米語）です。British English（英語）では“green fingers”と言います。

P **carpentry**　大工仕事

Q **good with one's hands**　手仕事が得意な

Speaking Lesson
4ステップ・スピーキング

●気晴らし・Pastime

A あなたの一番好きな余暇の過ごし方は何ですか？

What's your favorite pastime?

何ですか？ ➡ What's

あなたの一番好きな気晴らしは ➡ your favorite pastime? ／

B 私はよくテレビゲームをして、公園で犬の散歩をします。

I often play video games and walk my dog in the park.

私はしばしば遊びます ➡ I often play

テレビゲームで ➡ video games

そして ➡ and

犬の散歩をします ➡ walk my dog

公園に ➡ in the park. ／

C それを私に貸してくださいませんか？

Could you lend it to me?

貸してくださいませんか？ ➡ Could you lend

それを ➡ it

私に ➡ to me? ／

D 今日は海岸にドライブに行きましょう。

Let's go for a drive **to the** beach **today.**

行きましょう ➡ Let's go
ドライブに ➡ for a drive
海岸に ➡ to the beach
今日 ➡ today. ／

E ピクニックにはいい日ですね。

It's a good day to go on a picnic**.**

それはいい日です ➡ It's a good day
ピクニックに行くのに ➡ to go on a picnic. ／

● 趣味・Hobbies

A 私は最近写真にハマッています。

I've been **really** into photography **recently.**

私は本当にハマッています ➡ I've been really into
写真に ➡ photography
最近 ➡ recently. ／

Check this out!

身につければ日常会話は完ぺき!

ボキャブラリー＆構文⑩

ページの左側に英語を、右側に日本語を載せていますので、どちらかを隠して覚えているか確認していきましょう。

わからなかったものには、左側の□マークにチェック（✓）を入れます。これをわからないボキャブラリーや構文がなくなるまで行いましょう。

□ pastime	□ 気晴らし
□ play video games	□ テレビゲームをする
□ walk the dog	□ 犬の散歩をする
□ listen to music	□ 音楽を聴く
□ read books	□ 読書をする
□ bestselling book	□ ベストセラー本
□ be moved	□ 感動する
□ lend	□ 貸す
□ go to see a movie	□ 映画に行く
□ suspense	□ サスペンス
□ go for a drive	□ ドライブに行く
□ beach	□ 海岸
□ sound	□ 聞こえる
□ board	□ 搭乗する
□ kill time	□ 時間をつぶす
□ wait	□ 待つ
□ boarding time	□ 搭乗時間
□ wait in line	□ 列に待つ
□ go on a picnic	□ ピクニックに行く
□ prepare lunch	□ 昼食を用意する
□ go hiking	□ ハイキングに行く
□ climb	□ 登る
□ to the top	□ 頂上まで
□ in your free time	□ あなたの自由時間に

□ leisure	□ 余暇
□ painting	□ 絵画
□ be devoted to ～	□ ～にすごく打ち込んでいる
□ exhibition	□ 展覧会
□ private exhibition	□ 個展
□ hobby	□ 趣味
□ be into ～／get into ～	□ ～にハマッている
□ photography	□ 写真
□ plant	□ 植える
□ flower	□ 花
□ grow	□ 育てる
□ kind	□ 種類
□ rose	□ バラ
□ a green thumb	□ 庭師の才能
□ carpentry	□ 大工仕事
□ good with one's hands	□ 手仕事が得意な

COLUMN

アメリカの標識、看板、サイン①

道路以外の標識や看板、サインの中で、英語の意味がわからないと困ってしまうものを取り上げてみましょう！

◇ DROP OFF ／ PICK UP

通常の会話では、“drop off” は「(駅、空港などで) 降ろす」、“pick up” は「(駅、空港などに) 迎えに行く」という意味で、「(空港や駅に) 送り迎えをすること」を言います。ですから、ホテル (HOTEL) などの送迎サービスを “pick up service” と言います。しかし、これが、薬局の看板だと、どうなるでしょう？ “drop off” は、ここでは「処方箋を入れて、薬を申し込む」という意味で、“pick up” はその「薬を受け取る」という意味になります。

◇ STAND BACK

「この近くにいないでください」という意味です。“STAND AWAY (離れて立ってください)” や “STAND ASIDE (脇に立ってください)” も同じく「そこに立たないで」⇒「この近くにいないでください」という意味になります。

◇ KEEP OUT ／ KEEP OFF

「入らないで」という意味です。特に、“KEEP OUT” や “STAY OUT” は、よく使われています。“KEEP OFF THE GRASS(芝生に入らないで)” も覚えておきましょう！

◇ WIRE MONEY

「送金する」という意味です。“transfer money” という言い方も使われますが、“WIRE” のほうが一般的です。「送金して」というコンピュータの電気信号 (金額) が、電線 (wire) を伝って、送金されているイメージですね。

◇ SURVEILLANCE CAMERAS IN USE

「防犯カメラ作動中」のことです。「防犯カメラ」には、“SECURITY CAMERAS” もよく使われます。

街・道案内

今回のテーマは道案内です。「道案内」をマスターするには、2段階の定石があります。第1段階はロケーション（Location）です。まず、目的の場所を説明する仕方をマスターします。これは、場所を表す前置詞とそれに関連したフレーズからなります。第2段階はディレクション（Direction）。第1段階がマスターできたら、今度は「まず、○○を曲がって、それから……」という指示の仕方をマスターしましょう。このように段階を踏めば、混乱なく「道案内」をマスターすることができます。
それでは、「LocationとDirection」を「笠原メソッド」で高速INPUTしていきましょう！

●場所・Locations

SKIT 1 どこに行くの？ Where are you going?

Robert Where どこに are you going? あなたは行くのですか？ ／

Rachel I'm going 私は行くところです to the grocery store and the flower shop. スーパーマーケットとお花屋さんへ ／ How about you? あなたは？ ／

Robert I'm going 私は行くところです to the bank. 銀行に ／ I have to be 私はいなくてはならない there そこに by three p.m. 午後３時までには ／ I'm 私はいます in a hurry. 急いで ／ See you. またね ／

Rachel See you. またね ／

SKIT 2 ガソリンスタンドを探しているのですが I'm looking for a gas station.

SKIT 2-A

Michael Excuse me. すみません ／ I'm looking for 私は探しています a gas station. ガソリンスタンドを ／ Is there そこにはありますか？ a gas station ガソリンスタンドが in this neighborhood? この近所に ／

Officer (警察官) Yes, はい there is. そこにはあります ／ It's それはあります on the corner 角に of Aoyama Street and Nishi-Azabu Street. 青山通りと西麻布通りの ／

SKIT 2-B

Robert Excuse me. すみません ／ I'm looking for 私は探しています a deli. お惣菜屋さんを ／ Is there そこにはありますか？ a deli お惣菜屋さんが in this neighborhood? この近所に ／

Officer Yes. はい ／ It's それはあります around the corner 角の辺りに from the fire department. 消防署からの ／ It's それはあります next to the movie theater. 映画館の隣に ／

SKIT 2-C

Rachel I'm looking for 私は探しています a dry-cleaner's. クリーニング店を ／ Do you know of あなたは知っていますか？ any? 何かを ／

Michelle Yes, はい I do. 知ってますよ ／ There's そこにはあります one ひとつが on Ichiban-Dori Street 一番通り沿いに across from the gym. スポーツクラブの向かい側に ／

Rachel I'm new 私は新しいです in Tokyo. 東京では ／ Can I ask 聞いてもいいですか？ you あなたに some more questions? いくらかもっと質問を ／ Is there そこにはありますか？ a good hair salon いい美容院が nearby? 近くに ／

Michelle Yes, はい there is. そこにはあります ／ There's そこにはあります a good one いい店が on Aoyama Street 青山通り沿いに between the pharmacy and the clinic. 薬局と医院の間に ／

Rachel Thanks. ありがとう ／ Now, さて I know 私は知っています where どこに the train station and the bookstore are. 駅と本屋さんがあるのかを ／ But , でも do you know あなたは知っていますか? a good clothing store, coffee shop, bakery and post office? いい洋服屋さん、喫茶店、パン屋さんそして郵便局を ／

Michelle Oh, ああ you want to know あなたは知りたいのね a lot of things. たくさんのことが ／ OK. オーケー ／ A good clothing store いい洋服屋は I know 私が知っている is on Hiro-o Street 広尾通りにあります between the furniture store and the art museum. 家具屋さんと美術館の間に ／
There's そこにはあります a nice coffee shop いい喫茶店が called 呼ばれています "Shooting Star."「シューティングスター（流れ星）」と ／ It's それはあります on Omote-Sando Avenue, 表参道通り沿いに between the department store and the mall, デパートとショッピングモールの間に opposite the concert hall. コンサートホールの反対側に ／
There's also そこにはまたあります a bakery パン屋さんが on the same street, 同じ通り沿いに behind the bus stop. バス停の後ろに ／ And そして the post office is 郵便局はあります on a small street, 小さな通り沿いに I don't know 私は知りません the name 名前を of it, それの but しかし it is それはあります between 間に the Italian restaurant and the library. イタリアンレストランと図書館の ／

●道案内・Directions

SKIT 3 道を教えてください
Could you tell me how to get there?

SKIT 3-A

Rachel Excuse me, すみません officer. おまわりさん ／ Is there そこにはありますか？ a hardware store 金物屋さんが in this neighborhood? この近所に ／

Officer Yes, はい there is. ありますよ ／

Rachel Could you tel l 教えてもらえませんか？ me 私に how どのように to get 行くのかを there? そこへ ／

Officer Sure. いいですよ ／ Go down 進んでください Roppongi Street 六本木通りを for three blocks 3ブロック間 and そして turn right 右に曲がってください onto Imoarai-Zaka Lane, 芋洗坂通りに入って then それから go 行ってください along the street その道に沿って for two blocks. 2ブロック間 ／ You will see あなたは見るでしょう it それを on your right, あなたの右に next to the appliance store 電気屋さんの隣に and そして across from the butcher. 肉屋さんの向かい側に ／

Rachel Oh, ああ thanks. ありがとう ／

SKIT 3-B

Robert Excuse me. すみません ／ I'm looking for 私は探しています a music store. レコード店を ／ Do you know あなたは知っていますか？ where どこに one is? それがあるかを ／

Officer Yes. はい ／ There's そこにはあります one ひとつが just over there. ちょうどその向こうに ／ Go straight まっすぐ行ってください on this street この通りを and そして turn left. 左に曲がってください ／ You'll see あなたは見るでしょう it それを on your left あなたの左側に , around the corner そして、角の辺りに from the zoo. 動物園からの ／

TIPS 笠原訳のセグメントでは、通常「,」は、その前のセグメントと一緒に意味づけをしますが、"around" の前の「,」には、「そして」という意味が強くあるため、あえて "around" の前に置き、セグメント全体で ", around the corner (そして、その角の辺りに)" と意味をまとめてあります。

SKIT 3-C

Sandra Excuse me, すみません officer. おまわりさん ／ Could you tell 教えていただけませんか？ me 私に which bus goes どのバスが行くのかを to Shibuya? 渋谷へ ／

Officer The number seven bus does. 7番バスが行きます ／

Sandra Thanks. ありがとうございます ／ And そして how often どのくらい頻繁に does it come? それは来ますか？ ／

Officer It comes それは来ます every fifteen minutes. 15分ごとに ／

SKIT 3-D

Tracie I'd like to go 私は行くことを望みます to Odaiba. お台場へ ／ Do you know あなたは知っていますか？ how to get 行き方を there そこへの from here? ここから ／

Sandra Yes, はい I do. 知っています ／ But でも it's not easy. それは簡単ではありませんよ ／ It's a little bit too complicated それは少し複雑すぎます to explain. 説明するのに ／ You should write down あなたは書きとめるべきです what I say. 私が言うことを ／ Do you have あなたは持っていますか？ a pen ペンを ready? 用意ができて ／

Tracie Let させてください me 私に get 取ることを a pen, ペンを please. お願いします ／
OK. 大丈夫 ／ I'm ready. 私は用意ができています ／

Sandra All right. 了解 ／ Take 乗ってください the Odakyu line 小田急線を and そして get off 降りてください at Shinjuku Station. 新宿駅で ／ Then, それから transfer 乗り換えてください to the Marunouchi subway line, 地下鉄丸ノ内線に and take そして乗ってください it それに to Ginza 銀座まで and そして transfer 乗り換えてください to the Ginza line. 銀座線に ／ Then それから get off 降りてください at Shimbashi, 新橋で then transfer それから乗り換えてください to the Yurikamome line. ゆりかもめ線に ／ Get off 降りてください at Odaiba. お台場で ／

Tracie All right. 了解です ／ It sure is complicated. それは本当に複雑だわ ／

Vocabulary & Structure Building
重要ボキャブラリー＆重要構文

●場所・Location

SKIT 1

A grocery store　スーパーマーケット

「スーパーマーケット」は、“supermarket”もよく使われます。

B flower shop　花屋さん

“flower shop”はAmerican English（米語）です。British English（英語）では“florist's”です。

C bank　銀行

SKIT 2-A

A excuse me　すみません（話しかけるときなど）

B I'm looking for ～　私は～を探している

C gas station　ガソリンスタンド

D Is there ～？　～はありますか？

E in this neighborhood　この近所に

F on the corner of ～　～の角に

SKIT 2-B

A deli　お惣菜屋さん

B around the corner from ～　～の角の辺りに

C next to ～　～の隣に

SKIT 2-C

A dry-cleaner's　クリーニング店

B on ～　～通り沿いに

C across from ～　～の向かい側

D hair salon　美容院

"hair salon"は米語です。英語では"hairdresser's"と言います。

E nearby　近くに／近所の

F between ～ and ～　～と～の間に

G pharmacy　薬局

H clinic　医院

I train station　駅

J bookstore　本屋さん

K clothing store　洋服屋さん

L coffee shop　喫茶店

「喫茶店」は"cafe"もよく使われます。

M bakery　パン屋さん

N post office　郵便局

O furniture store　家具屋さん

P art museum　美術館

"art museum"は米語です。英語では"art gallery"と言います。

Q museum　博物館

R avenue　並木道／大通り

S department store　デパート

T mall　ショッピングモール

U opposite　反対側に

V concert hall　コンサートホール

W behind　後ろに

X bus stop　バス停

Y library　図書館

●道案内・Directions

SKIT 3-A

A hardware store　金物屋さん

B go down　進む

C for ～ blocks　～ブロック間

D turn right　右に曲がる

「左に曲がる」は“turn left”です。

E go along ～　～に沿って進む

“go along ～ ”のほかにも“go down ～ ”や“go up ～ ”がよく使われます。
“go along ～ ”は、文字どおり「～に沿って進む」ですが、“go down ～ ”には、「街の中心へ向かって進む」とか「南へ向かって進む」（地図では、南が下に描かれているため）という意味合いのあるときがあります。同じように、“go up ～ ”には、「郊外へ向かって進む」とか「北へ向かって進む」（地図では北が上なので）という意味合いのあるときがあります。
また、しばしば“go down ～ ”は、“go along ～（～に沿って進む）”とまったく同じ意味で使われます。したがって、このSKITの“Go along this street ～ ”は、“Go down this street ～ ”と言うこともよくあります。

F on your right　あなたの右側に

「あなたの左側に」は“on your left”です。

G appliance store　電気屋さん

H butcher　肉屋さん

SKIT 3-B

A music store　レコード店

B go straight　まっすぐに行く

C zoo　動物園

SKIT 3-C

A How often ～？　どのくらい頻繁に～？

SKIT 3-D

A a little bit　少し

B complicated　複雑な

C explain　説明する

D write down　書きとめる

E Let me　私にさせてください

F get a pen　ペンを取ること

G ready　用意ができて

H take　乗る

「乗る」と言うときは、"get on"もよく使われます。

I get off　降りる

J transfer　乗り換える

K subway　地下鉄

Speaking Lesson
4ステップ・スピーキング

場所・Location

Day 11 9

A 私は、スーパーマーケットとお花屋さんへ行くところです。

I'm going to the grocery store and the flower shop.

私は行くところです ➡ I'm going

スーパーマーケットとお花屋さんへ
➡ to the grocery store and the flower shop. ／

Day 11 10

B すみません。ガソリンスタンドを探しているのですが。

Excuse me. I'm looking for a gas station.

すみません ➡ Excuse me. ／

私は探しています ➡ I'm looking for

ガソリンスタンドを ➡ a gas station. ／

Day 11 11

C この近くにガソリンスタンドはありますか？

Is there a gas station in this neighborhood?

そこにはありますか？ ➡ Is there

ガソリンスタンドが ➡ a gas station

この近所に ➡ in this neighborhood? ／

D はい、ありますよ。それは、青山通りと西麻布通りの角にあります。 Day 11 12

Yes, there is. It's on the corner of Aoyama Street and Nishi-Azabu Street.

はい ➡ Yes,

そこにはあります ➡ there is. ／

それはあります ➡ It's

角に ➡ on the corner

青山通りと西麻布通りの
➡ of Aoyama Street and Nishi-Azabu Street. ／

Check this out!

身につければ日常会話は完ぺき!

ボキャブラリー&構文⑪

ページの左側に英語を、右側に日本語を載せていますので、どちらかを隠して覚えているか確認していきましょう。

わからなかったものには、左側の□マークにチェック（✓）を入れます。これをわからないボキャブラリーや構文がなくなるまで行いましょう。

□ grocery store	□ スーパーマーケット
□ flower shop	□ 花屋さん
□ bank	□ 銀行
□ excuse me	□ すみません（話しかけるときなど）
□ I'm looking for ～	□ 私は～を探している
□ gas station	□ ガソリンスタンド
□ Is there ～?	□ ～はありますか?
□ in this neighborhood	□ この近所に
□ on the corner of ～	□ ～の角に
□ deli	□ お惣菜屋さん
□ around the corner from ～	□ ～の角の辺りに
□ next to ～	□ ～の隣に
□ dry-cleaner's	□ クリーニング店
□ on ～	□ ～通り沿いに
□ across from ～	□ ～の向かい側
□ hair salon	□ 美容院
□ nearby	□ 近くに／近所の
□ between ～ and ～	□ ～と～の間に
□ pharmacy	□ 薬局
□ clinic	□ 医院
□ train station	□ 駅
□ bookstore	□ 本屋さん
□ clothing store	□ 洋服屋さん
□ coffee shop	□ 喫茶店
□ bakery	□ パン屋さん
□ post office	□ 郵便局
□ furniture store	□ 家具屋さん

□ art museum	□ 美術館
□ museum	□ 博物館
□ avenue	□ 並木道／大通り
□ department store	□ デパート
□ mall	□ ショッピングモール
□ opposite	□ 反対側に
□ concert hall	□ コンサートホール
□ behind	□ 後ろに
□ bus stop	□ バス停
□ library	□ 図書館
□ hardware store	□ 金物屋さん
□ go down	□ 進む
□ for ～ blocks	□ ～ブロック間
□ turn right	□ 右に曲がる
□ go along ～	□ ～に沿って進む
□ on your right	□ あなたの右側に
□ appliance store	□ 電気屋さん
□ butcher	□ 肉屋さん
□ music store	□ レコード店
□ go straight	□ まっすぐに行く
□ zoo	□ 動物園
□ How often ～?	□ どのくらい頻繁に～?
□ a little bit	□ 少し
□ complicated	□ 複雑な
□ explain	□ 説明する
□ write down	□ 書きとめる
□ Let me	□ 私にさせてください
□ get a pen	□ ペンを取ること
□ ready	□ 用意ができて
□ take	□ 乗る
□ get off	□ 降りる
□ transfer	□ 乗り換える
□ subway	□ 地下鉄

COLUMN

アメリカの標識、看板、サイン②

230 ページのつづきで、標識や看板、サインを取り上げてみましょう！

◇ GRATUITIES APPRECIATED

「お心づけに感謝します」という意味で、これは「Tips（チップ）をお願いいたします」ということです。

◇ AT YOUR OWN RISK

「自己責任で」という意味で、これは最近日本でもよく使われるようになった言葉ですが、英語では、このように言います。遊園地などで、アトラクション（rides）に乗るときに、“RIDE AT YOUR OWN RISK（自己責任で、乗ってください）” と書いてある看板をときどき見かけます。

◇ OUT OF ～

これは「～の外」ではありません。“OUT OF ORDER”は「故障中」、“OUT OF SERVICE” も、「壊れているので、動きません」という意味です。また、“NOT IN SERVICE” は、「御利用できません」です。

◇ CAUTION FLOOR SLIPPERY WHEN WET

「床が濡れているときには滑ります。御注意ください！」の意味です。これはモップ掛けの後、床が濡れているときによく見かけるサインです。「注意して」には、“Be alert!” という言い方もあります。

◇ Buy 1, Get 1 Free

「1 コ買ったら、2 コ目はタダになります」の意味です。“Buy 1, Get the second for $22.（1 コ買ったら、2 コ目は 22 ドルになりますよ）” のようにも使われます。日本でも、2 つ目は○○円などという広告がありますよね。お店では、“Nothing is over $10!（なんでも、10 ドル以下）” というサインや “You may only purchase three at a time.（お一人様、3 個までです）” などをよく目にします。

◇ SMOKE FREE

これは、「タダで喫煙できる」でも、「自由に喫煙できる」でもなく、「禁煙」すなわち “NO SMOKING” という意味です。

天気①
(冬・春・梅雨)

今回の第12日目と次の第13日目では、日常会話で天気を表現するのに必要なボキャブラリーを、すべてストーリーに盛り込みました。構成は日本の四季＆梅雨（雨季）です。それぞれの季節ごとに分けていますので、実際に使うときに思い出しやすい実践的な構成となっています。

ここでは、「冬（Winter）」「春（Spring）」「梅雨（Rainy season）」の時季の表現を学びます。

まずは、ストーリーを通して、重要事項を5ステップ・リスニングで高速INPUTしていきましょう。

●冬・Winter

SKIT 1 美しい日だね It's a beautiful day, isn't it?

Robert Good morning! おはよう ／ It's a beautiful day, 美しい日だね isn't it? そうじゃない？ ／

Mary Yes, ええ it's a perfect day 今日は完ぺきな日だわ for doing the washing. 洗濯に ／

Robert It's been nice and warm 天気はずっと、よくて暖かい these past few days, 近頃２～３日は hasn't it? そうじゃない？ ／

Mary It sure has. 本当にそうね ／ According to the weather forecast, 天気予報によると it is going to be 天気はなるでしょう an unusually warm winter. いつになく暖かい冬に ／

SKIT 2 雪が降っています It's snowing now.

Lisa It's snowing 雪が降っているわ now, 今 although it was sleeting ミゾレが降っていたけれども last night. 昨晩は ／ Jeff, ジェフ do you wanna make 作りたい？ a snowman 雪ダルマを with me? 私と一緒に ／

Jeff Sure, うん why not? 喜んで ／

Mary　Don't go 行かないで too far, 遠すぎるところには because なぜなら there will be そこにはあるでしょうから a blizzard 吹雪が tonight. 今晩に ／ It will be windy and stormy 風が強くなって嵐になるでしょう by this evening. 今晩までには ／

Lisa　OK. わかったわ ／ We will stay 私達はいるでしょう nearby 近くに and そして come back 戻ってくるでしょう before 前に the snowstorm comes. 吹雪が来る ／

TIPS "wanna＝want to" です。会話ではしばしばこのように言うのですが、もうひとつ、"I'm going to ～" を "I'm gonna ～" と言うことも、会話ではよくあります。

TIPS 上記の場合の "nearby" は、"near the house" にしてもOKです！

SKIT 3 とても寒い It's pretty cold.

Robert　It's pretty cold. とても寒い ／ We had 私達は持っていた a heavy frost 重い霜を this morning. 今朝 ／

Linda　Winter is 冬はあります already すでに here. ここに ／ According to the newspaper, 新聞によると this winter will be この冬はなるでしょう brutal. ひどく ／ Look at 見て this weather map. この天気図を ／ The cold front is 寒冷前線があります just above Tokyo. ちょうど東京の上に ／ The temperature must be extremely low 気温は極端に低いに違いありません now. 今 ／

SKIT 4 一晩中、雪が降りました It snowed all night long.

Robert It snowed ずっと雪が降りました all night long. 一晩中 ／

Linda I didn't think 私は思わなかった the snow would be that deep. 雪がそんなに深いとは ／

● 春・Spring

SKIT 5 とても風が強いね It's very windy.

Mary It's very windy とても風が強いね today. 今日は ／

James Yeah, ああ it sure is windy. 本当に風が強いね ／ We should be careful 僕達は気をつけるべきだね of signboards, cars and debris 看板、クルマや瓦礫に when ときに we walk 僕達が歩く on the streets. 道路上を ／

Robert I heard 私は聞きました this gale is called この強風は呼ばれていると "Haru-Ichiban"「春一番」と in Japan. 日本では ／ It means それは意味しています the first strong gust 最初の強い突風を in the spring. 春の ／

SKIT 6 桜の花が満開です
The cherry blossoms are in full bloom.

Robert The cherry blossoms are 桜の花があります in full bloom 満開で now. 今 ／ I heard 私は聞きました that 次のことを many companies hold 多くの会社は開くと parties パーティーを to view 見るために the cherry blossoms 桜の花を at this particular time この特定な時期に of year. 年の ／

Susan I heard 私は聞きました the same thing. 同じことを ／ Cherry blossoms are beautiful, 桜の花はきれいです but しかし they don't last それらはもちません that long. それほど長くは ／ We should do 私達はするべきです that, それを too. また ／ Where would be どこでしょうか？ a good place いい場所は for it? それに ／

Linda The most famous parks, ほとんどの有名な公園は such as たとえば次のような Chidorigafuchi, Ueno-Park and Shinjuku-Gyoen 千鳥ヶ淵、上野公園や新宿御苑は are always full いつもいっぱいです of people. 人々で ／ So, それで I recommend 私は勧めます we go 私達が行くべきであると to the park 公園に nearby. 近所の ／

●梅雨・Rainy season

SKIT 7 何と嫌な天気なんだ What nasty weather!

Robert It was drizzling 霧雨が降っていました all day yesterday 昨日は一日中 and そして it was misty 霧が出ていました in the morning. 午前中 ／ It is expected 天気は予想されています to be rainy 雨になることを all day today. 今日一日中 ／ What nasty weather! 何と嫌な天気なんだ ／

Mary You're right. あなたは正しいわ ／ But, でも it's typical weather それは典型的な天気ですよ for this time この時期 of the year 年の in Tokyo. 東京では ／

SKIT 8 70%の確率で雨が降ります There is a 70% chance of rain today.

Robert I was caught 私は捕まっちゃった in a downpour どしゃ降りに on my way 道中で to work 仕事へ行く yesterday. 昨日 ／ So, それで I'll definitely take 私は絶対に持っていくよ an umbrella 傘を today. 今日は ／

Mary Yes. ええ ／ You'd better. あなたはしないとダメよ ／ There is そこにはあります a 70% chance 70%のチャンスが of rain 雨の today, 今日 and そして there is そこにはあります a big rain cloud 大きな雨雲が in the sky. 空には ／

SKIT 9 外の天気はどうですか？ How's the weather outside now?

Day 12 9

Robert How's どうですか？ the weather 天気は outside 外側の now, 今 Linda? リンダ ／ Is it sunny? 晴れですか？ ／

Linda No, いいえ I'm afraid 申し訳ないけど not. 違うわ ／ It's sprinkling. 小雨が降っています ／

Robert It's very humid. 湿気が多いね ／ It's terrible weather, ひどい天気だ isn't it? じゃないですか？ ／

Linda Yeah, ええ it was stormy それは嵐でした yesterday. 昨日 ／ It was pouring. それはどしゃ降りでした ／ There was そこにはありました thunder and lightning, 雷と稲妻が too. また ／ But, でも I saw 私は見ました a rainbow 虹を after the storm. その嵐の後で ／ That was nice. それはよかった ／

Vocabulary & Structure Building
重要ボキャブラリー＆重要構文

●冬・Winter

SKIT 1

A for doing the washing　洗濯に

「洗濯に」と言うと“for doing the laundry”や“for washing our clothes”もよく使われます。

B It's been nice and warm　天気がずっと暖かくてよい

“nice and warm”は、“warm and nice”とは言いません。

C according to ～　～によると

D weather forecast　天気予報

SKIT 2

A it's snowing　雪が降っている

B it's sleeting　ミゾレが降っている

C snowman　雪ダルマ

「雪合戦」のことを“snowball fight”と言いますので、覚えておくといいでしょう。

D blizzard　吹雪

E windy　風が強い

F stormy　嵐のように荒れて

G snowstorm　吹雪

SKIT 3

A pretty cold　とても寒い

B frost　霜

C newspaper　新聞

D brutal　ひどい／残忍な

E weather map　天気図

F cold front　寒冷前線

G temperature　気温

H extremely　極端に

SKIT 4

A snow　雪／雪が降る

B deep　深い

●春・Spring

SKIT 5

- A be careful　気をつける
- B signboard　看板
- C debris　瓦礫／破片
- D walk on the street　道路上を歩く
- E gale　強風
- F gust　突風

SKIT 6

- A cherry blossoms　桜の花
- B in full bloom　満開で
- C view　見る
- D particular　特別の
- E last　もつ／続く
- F famous　有名な
- G be full of ～　～でいっぱいです
- H recommend　勧める／推薦する

●梅雨・Rainy season

SKIT 7

A it's drizzling　霧雨が降っている

B be misty　霧が出ている

C be expected　予想されている

D be rainy　雨が降る

「雨が降る」は“rain”もよく使われます。

E nasty　嫌な

F typical　典型的な

SKIT 8

A be caught　捕まる

B downpour　どしゃ降り

C on my way　道中で

D umbrella　傘

E chance of rain　降水確率

「降水確率は70%です」と言う場合、

①“The chance of rain is 70%.”

②“There is a 70% chance of rain.”

という言い方があります。

F a rain cloud　雨雲

SKIT 9

A How's the weather?　天気はどうですか？

B sunny　晴れて

C I'm afraid　申し訳ない

D it's sprinkling　小雨が降っている

“it's sprinkling”はAmerican English（米語）です。British English（英語）では“it's spitting”と言います。

E humid　湿気が多い

F terrible　ひどい

G it's pouring　どしゃ降りだ

H thunder　雷（音）

I lightning　稲妻（光）

J rainbow　虹

Speaking Lesson
4ステップ・スピーキング

● 冬・Winter ······························

A 今日は洗濯には完ぺきな日だわ。

It's a perfect day for doing the washing**.**

今日は完ぺきな日だわ ➡ It's a perfect day

洗濯に ➡ for doing the washing. ／

B 天気予報によると、いつになく暖かい冬になるでしょう。

According to **the** weather forecast**, it is going to be an unusually warm winter.**

天気予報によると ➡ According to the weather forecast,

天気はなるでしょう ➡ it is going to be

いつになく暖かい冬に ➡ an unusually warm winter. ／

C 今晩は吹雪でしょう。

There will be a blizzard **tonight.**

そこにはあるでしょう ➡ There will be

吹雪が ➡ a blizzard

今晩に ➡ tonight. ／

D 今晩は風が強くなって、嵐になるでしょう。

It will be windy **and** stormy **tonight.**

風が強くなって嵐になるでしょう ➡ It will be windy and stormy

今晩は ➡ tonight. ／

E 今朝は、霜がびっしり張っていました。

We had a heavy frost this morning.

私達は持っていた ➡ We had

重い霜を ➡ a heavy frost

今朝 ➡ this morning. ／

F この冬はとっても寒くなるでしょう。

This winter will be brutal.

この冬はなるでしょう ➡ This winter will be

ひどく ➡ brutal. ／

G この天気図を見てください。

Look at this weather map.

見てください ➡ Look at

この天気図を ➡ this weather map. ／

H 新聞によると、東京上空にはちょうど寒冷前線があります。

According to the newspaper, the cold front is just above Tokyo.

新聞によると ➡ According to the newspaper,

寒冷前線があります ➡ the cold front is

ちょうど東京の上に ➡ just above Tokyo. ／

I 一晩中、雪が降りました。

It snowed all night long.

雪が降りました ➡ It snowed

一晩中 ➡ all night long. ／

J 雪がそんなに深いとは思いませんでした。

I didn't think the snow would be that deep.

私は思わなかった ➡ I didn't think

雪がそんなに深いとは ➡ the snow would be that deep. ／

●春・Spring

A 桜の花は今満開です。

The cherry blossoms are in full bloom now.

桜の花があります ➡ The cherry blossoms are

満開で ➡ in full bloom

今 ➡ now. ／

B それらは、それほど長くはもちません。

They don't last that long.

それらは続きません ➡ They don't last

それほど長くは ➡ that long. ／

C 近所の公園に行くことをお勧めします。

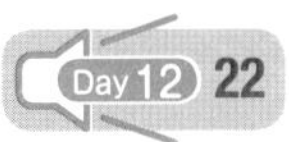

I recommend we go to the park nearby.

私は勧めます ➡ I recommend

私達が行くべきであると ➡ we go

公園に ➡ to the park

近所の ➡ nearby. ／

● 梅雨・Rainy season

A 昨日は、出勤途中にどしゃ降りにあっちゃった。だから今日は、絶対傘を持っていきます。

I was caught in a downpour on my way to work yesterday. So, I'll definitely take an umbrella today.

私は捕まっちゃった ➡ I was caught

どしゃ降りに ➡ in a downpour

道中で ➡ on my way

仕事へ行く ➡ to work

昨日 ➡ yesterday. ／

それで ➡ So,

私は絶対に持っていくよ ➡ I'll definitely take

傘を ➡ an umbrella

今日は ➡ today. ／

B 今日の降水確率は 70%で、空には大きな雨雲があります。

There is a 70% chance of rain today, and there is a big rain cloud in the sky.

そこにはあります ➡ There is

70%のチャンスが ➡ a 70% chance

雨の ➡ of rain

今日 ➡ today,

そして ➡ and

そこにはあります ➡ there is

大きな雨雲が ➡ a big rain cloud

空には ➡ in the sky. ／

C リンダ、外の天気はどうですか？　晴れてますか？　Day 12 25

How's the weather **outside now, Linda? Is it** sunny?

どうですか？ ➡ How's

天気は ➡ the weather

外側の ➡ outside

今 ➡ now,

リンダ ➡ Linda? ／

晴れですか？ ➡ Is it sunny? ／

D 小雨が降っています。

It's sprinkling**.**

小雨が降っています ➡ It's sprinkling. ／

E 湿気がとても多いね。

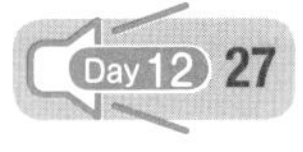

It's very humid**.**

とても湿気が多い ➡ It's very humid. ／

F ひどい天気ですね。

It's terrible **weather, isn't it?**

ひどい天気だ ➡ It's terrible weather,

じゃないですか？ ➡ isn't it? ／

Check this out!

身につければ日常会話は完ぺき！

ボキャブラリー＆構文⑫

　ページの左側に英語を、右側に日本語を載せていますので、どちらかを隠して覚えているか確認していきましょう。
　わからなかったものには、左側の□マークにチェック（✓）を入れます。これをわからないボキャブラリーや構文がなくなるまで行いましょう。

□ for doing the washing	□ 洗濯に
□ It's been nice and warm	□ 天気がずっと暖かくてよい
□ according to ～	□ ～によると
□ weather forecast	□ 天気予報
□ it's snowing	□ 雪が降っている
□ it's sleeting	□ ミゾレが降っている
□ snowman	□ 雪ダルマ
□ blizzard	□ 吹雪
□ windy	□ 風が強い
□ stormy	□ 嵐のように荒れて
□ snowstorm	□ 吹雪
□ pretty cold	□ とても寒い
□ frost	□ 霜
□ newspaper	□ 新聞
□ brutal	□ ひどい／残忍な
□ weather map	□ 天気図
□ cold front	□ 寒冷前線
□ temperature	□ 気温
□ extremely	□ 極端に
□ snow	□ 雪／雪が降る
□ deep	□ 深い
□ be careful	□ 気をつける
□ signboard	□ 看板
□ debris	□ 瓦礫／破片
□ walk on the street	□ 道路上を歩く
□ gale	□ 強風

□ gust	□ 突風
□ cherry blossoms	□ 桜の花
□ in full bloom	□ 満開で
□ view	□ 見る
□ particular	□ 特別の
□ last	□ もつ／続く
□ famous	□ 有名な
□ be full of ～	□ ～でいっぱいです
□ recommend	□ 勧める／推薦する
□ it's drizzling	□ 霧雨が降っている
□ be misty	□ 霧が出ている
□ be expected	□ 予想されている
□ be rainy	□ 雨が降る
□ nasty	□ 嫌な
□ typical	□ 典型的な
□ be caught	□ 捕まる
□ downpour	□ どしゃ降り
□ on my way	□ 道中で
□ umbrella	□ 傘
□ chance of rain	□ 降水確率
□ a rain cloud	□ 雨雲
□ How's the weather?	□ 天気はどうですか？
□ sunny	□ 晴れて
□ I'm afraid	□ 申し訳ない
□ it's sprinkling	□ 小雨が降っている
□ humid	□ 湿気が多い
□ terrible	□ ひどい
□ it's pouring	□ どしゃ降りだ
□ thunder	□ 雷（音）
□ lightning	□ 稲妻（光）
□ rainbow	□ 虹

COLUMN

英字新聞・雑誌の見出しの法則

英文を読む際に、タイトルから内容を推測することが大切です。しかし、英語の新聞や雑誌のタイトルは、わかりづらいという方も多くいらっしゃるのではないでしょうか？

それはおそらくタイトルを書く際のルールのようなものを知らないからでしょう。

そこで、英字新聞・雑誌のタイトルを読む際のコツをお伝えします。

●時制はズレる

①過去に起きたことが現在形で書かれている（過去に起こったことでも、見出しはその記事を叙述的に説明しているため）

②未来の予定は「to ＋不定詞」で表される

③現在進行中のものや近未来のものは「～ ing」で表される

●省略や置き換えするパターン

④ Be 動詞は省略される（そのため、過去分詞で書かれていれば受け身になる）

⑤冠詞、代名詞は、基本的に省略される

⑥カンマ「,」やセミコロン「;」は、“and”、もしくは“but”の意味で表される

⑦コロン「: ～」は、「～によれば」と、“according to ～”と同じ意味

⑧短縮形がよく使われる

⑨流行言葉や歌詞からの引用などが使われる

新聞や雑誌は、やはり中身を読んでもらいたいので、上記以外にも読者に少し疑問を持ってもらえるような表現が使われます。

以上を大まかに押さえておけば、英字新聞の見出しはだいぶ読めるようになるはずです。今まで敬遠しがちだった英語新聞を読んでみましょう。

天気②（夏・秋）

今回の第13日目では、前回の第12日目に引き続き天気についてです。
ここでは「夏（Summer）」と「秋（Autumn）」の時季の会話を展開しています。蒸し暑い夏や台風・雷、紅葉など、夏と秋の季節にピッタリの天気の話題が中心です。
これらを通じて、日常会話で天気を表現するのに必要なボキャブラリーを覚えていきます。
まずは、重要事項を「笠原メソッド」の5ステップ・リスニングで高速INPUTしていきましょう。

Story Listening
5ステップ・リスニング

●夏・Summer

SKIT 1　すごく蒸し暑くない？
It's awfully muggy, isn't it?

Robert It's awfully muggy, ひどく蒸し暑いね isn't it? そうじゃない？ ／ I can't stand 私は耐えられない this heat. この暑さには ／

Mary But, でも it looks それは見えます like 以下のように it's going to rain 雨が降りそうに soon. すぐに ／ As you can see, あなたにもわかるように the sky is getting overcast. 空がだんだん雲に覆われてきたわ ／ But, でも it will be better よくなってくるわ afterwards. 後で ／

Robert I don't think 私は思わない so. そうは ／ It will be miserable 天気は悲惨になるでしょう if it rains もしも雨が降ったら now. 今 ／ It won't be cooler, 天気はより涼しくはならないでしょう it will just be more humid. ただもっと湿気が多くなるだけでしょう ／

Mary You're so pessimistic. あなたはとても悲観的ね ／ You should be あなたはなるべきだわ more optimistic. もっとポジティヴに ／

SKIT 2 名古屋に台風が来ました A typhoon hit Nagoya.

Robert Look at 見なさい this article. この記事を ／ A typhoon hit 台風が来ました Nagoya 名古屋に and そして caused もたらしました severe damage. 深刻な被害を ／

Mary It is coming それは来ています towards Tokyo. 東京に向かって ／ We should be careful. 私達は気をつけなくてはいけませんね ／

Robert I hope 私は希望します it will divert それがそれることを like last time. 前回のように ／

Mary But, でも the wind is blowing 風が吹いています very hard とても激しく now. 今 ／

SKIT 3 晴天の暑い日が続くね It's been hot and sunny.

Linda It's been hot and sunny 天気はずっと暑くて晴れているわね recently. 近頃は ／ We shouldn't complain 私達は文句を言うべきではないわ about this heat. この暑さに ／ I heard 私は聞きました there was そこにはあったと a flood 洪水が in Nagano 長野に and そして the heavy rain caused 激しい雨がもたらしたと a big landslide 大きな地すべりを there. そこで ／ Lightning struck 稲妻が当たりました a tree 木に on a golf course ゴルフコース内で in Nagano, 長野の too. また ／

Robert　On the contrary, 対照的に we are suffering 私達は苦しんでいます from a drought. 干ばつに ／

●秋・Autumn

SKIT 4　今日の天気は？
What's the weather going to be like today?

Robert　It's cloudy 曇っています right now. たった今は ／ What's the weather going to be like 天気はどのようになりそうですか？ this afternoon? 今日の午後には ／ Is it going to be nice? よくなりそうですか？ ／

Mary　I heard 私は聞きました it'll clear up 晴れるでしょう in the afternoon. 午後には ／

SKIT 5　秋の紅葉はきれいです
The autumn leaves are beautiful.

Mary　The autumn leaves are beautiful. 秋の紅葉はきれいです ／ I saw 私は見ました them それらを on TV. テレビで ／
Let's go for a drive ドライブに行きましょう in the mountains 山に on the weekend. 週末に ／

Robert　That sounds それは聞こえます like a good idea. いいアイデアのように ／ James, Lisa and Jeff, ジェームス、リサそしてジェフ we're <u>gonna</u> go for a drive 私達はドライブに行くよ to see 見るために the autumn leaves 紅葉を this weekend. 今週末に ／

James　That sounds それは聞こえます great, 素晴らしく Dad! お父さん ／

Lisa　I'll make 私が作りましょう a packed lunch お弁当を with Mom. ママと一緒に ／

TIPS "gonna = going to" です。会話のときは省略され、このように表現されることがしばしばあります。

TIPS 父親の呼び方は、年齢によって変わります。7 歳のリサは "Daddy" と呼ぶのは、自然ですが、高校生のジェームスが、"Daddy" と呼ぶと、幼い感じになります。ジェームスの年代なら "Dad" が自然です。

SKIT 6　最近は涼しくていいね
It's nice and cool these days.

Robert　Hi! ハイ ／ Good morning! おはよう ／ It's nice and cool 涼しくていい日だね these days. 最近は ／ Do you think あなたは思いますか？ this nice weather will hold このいい天気は続くであろうと over the weekend? 週末の間も ／

Linda　According to the weather man, 天気予報によると this nice weather won't last このいい天気は続かないと that long. そう長くは ／

Vocabulary & Structure Building
重要ボキャブラリー＆重要構文

●夏・Summer

SKIT 1

A muggy　蒸し暑い

B stand　耐える

「耐える」はほかに“endure”や“put up with”もよく使われます。

C heat　暑さ

D as you can see　おわかりのように

E overcast　雲で覆われた

F miserable　悲惨な

G pessimistic　悲観的

H optimistic　ポジティヴ／発展的

SKIT 2

A article　（新聞、雑誌などの）記事

B typhoon　台風

C hit　（台風、雷などが）直撃する

“hit”のほかに“strike”もよく使われます。

D cause　もたらす

E severe　深刻な

F damage　被害

G towards　～の方向へ

The typhoon is coming 台風は来ています towards **Tokyo;** 東京に向かって **we should be careful.** 私達は気をつけなくてはいけませんね ／
このSKITで紹介した上記の文面にある「;（セミコロン）」は、①その前に「原因」、そして、その後に「結果」を持ってくるとき、②セミコロンの後に、伝えたいことを列記するとき、③"however（しかしながら）" "thus（このように）" "hence（したがって）" "accordingly（したがって）" "furthermore（そのうえ）" "in addition（そのうえ）" などの接続語・句と一緒に用いられるとき、の3つの場合が考えられます。この場合は、①の"so（それで）"と同じです。

H divert　それる

I blow　吹く

SKIT 3

A hot and sunny　暑くて晴れて

B complain　文句を言う

「文句を言う（complain）」の名詞形である「文句」は"complaint"と言います。

C flood　洪水

D heavy rain　激しい雨

E landslide　地すべり

F strike　当たる

"struck"は過去形です。

G on the contrary　対照的に／反対に

H suffering　苦しんでいる

I drought　干ばつ

●秋・Autumn

SKIT 4

A cloudy　曇って

B What's the weather going to be like?　天気はどうなりそうですか？

C clear up　晴れあがる

SKIT 5

A in the mountains　山に

B on the weekend　週末に

C sound like ～　～のように聞こえる

D a packed lunch　弁当

「弁当」は、"packed lunches"とも言います。

SKIT 6

A nice and cool　涼しくてよい

B hold ／ last　続く

Speaking Lesson
4ステップ・スピーキング

●夏・Summer

A ひどく蒸し暑いですね。この暑さには耐えかねます。

It's awfully muggy, isn't it? I can't stand this heat.

ひどく蒸し暑いです ➡ It's awfully muggy,
そうじゃない？ ➡ isn't it? ／
私は耐えられない ➡ I can't stand
この暑さには ➡ this heat. ／

B あなたはとても悲観的ね。もっとポジティヴになるべきだわ。

You're so pessimistic. You should be more optimistic.

あなたはとても悲観的ね ➡ You're so pessimistic. ／
あなたはなるべきだわ ➡ You should be
もっとポジティヴに ➡ more optimistic. ／

C この記事を見てください。台風が名古屋に直撃して、深刻な被害をもたらしました。

Look at this article. A typhoon hit Nagoya and caused severe damage.

見てください ➡ Look at
この記事を ➡ this article. ／
台風が来ました ➡ A typhoon hit
名古屋に ➡ Nagoya
そして ➡ and
もたらしました ➡ caused
深刻な被害を ➡ severe damage. ／

D その台風は東京に向かってきているので、気をつけなくてはいけませんね。

The typhoon is coming towards Tokyo; we should be careful.

その台風は来ています ➡ The typhoon is coming

東京に向かって ➡ towards Tokyo;

私達は気をつけなくてはいけませんね ➡ we should be careful. ／

E 私は、前回のようにそれがそれることを希望します。

I hope it will divert like last time.

私は希望します ➡ I hope

それがそれることを ➡ it will divert

前回のように ➡ like last time. ／

F 長野で洪水があり、その豪雨が、大きな地すべりをもたらしたと聞きました。

I heard there was a flood in Nagano and the heavy rain caused a big landslide there.

私は聞きました ➡ I heard

そこにはあったと ➡ there was

洪水が ➡ a flood

長野に ➡ in Nagano

そして ➡ and

激しい雨がもたらしたと ➡ the heavy rain caused

大きな地すべりを ➡ a big landslide

そこで ➡ there. ／

G 長野のゴルフ場でも、雷が木に当たりました。

Lightning struck a tree on a golf course in Nagano, too.

稲妻が当たりました ➡ Lightning struck

木に ➡ a tree

ゴルフコース内で ➡ on a golf course

長野の ➡ in Nagano,

また ➡ too. ／

Check this out!

身につければ日常会話は完ぺき！

ボキャブラリー＆構文⑬

ページの左側に英語を、右側に日本語を載せていますので、どちらかを隠して覚えているか確認していきましょう。

わからなかったものには、左側の□マークにチェック（✓）を入れます。これをわからないボキャブラリーや構文がなくなるまで行いましょう。

□ muggy	□ 蒸し暑い
□ stand	□ 耐える
□ heat	□ 暑さ
□ as you can see	□ おわかりのように
□ overcast	□ 雲で覆われた
□ miserable	□ 悲惨な
□ pessimistic	□ 悲観的
□ optimistic	□ ポジティヴ／発展的
□ article	□（新聞、雑誌などの）記事
□ typhoon	□ 台風
□ hit	□（台風、雷などが）直撃する
□ cause	□ もたらす
□ severe	□ 深刻な
□ damage	□ 被害
□ towards	□ ～の方向へ
□ divert	□ それる
□ blow	□ 吹く
□ hot and sunny	□ 暑くて晴れて
□ complain	□ 文句を言う
□ flood	□ 洪水
□ heavy rain	□ 激しい雨
□ landslide	□ 地すべり
□ strike	□ 当たる
□ on the contrary	□ 対照的に／反対に
□ suffering	□ 苦しんでいる
□ drought	□ 干ばつ

□ cloudy	□ 曇って
□ What's the weather going to be like?	□ 天気はどうなりそうですか？
□ clear up	□ 晴れあがる
□ in the mountains	□ 山に
□ on the weekend	□ 週末に
□ sound like ～	□ ～のように聞こえる
□ a packed lunch	□ 弁当
□ nice and cool	□ 涼しくてよい
□ hold ／ last	□ 続く

COLUMN

アメリカ英語 VS イギリス英語

私の主催する英会話学校の Kids English（子供英会話）クラスでは、「色」は“color”とつづるように教えています。じつは、これはアメリカ英語（American English）のつづりであって、イギリス英語（British English）では“colour”と、途中に“u”が入ります。

アメリカ英語とイギリス英語の違いとして、海外旅行でも気をつけなくてはいけないものがあります。〈ビルの階数〉の表現です。「1 階」は、アメリカでは“first floor”ですが、イギリスの場合「1 階」は“ground floor”で、“first floor”と言うと「2 階」のことを指すのです。「エレベーター」は、アメリカでは“elevator”、イギリスでは“lift”と言います。

アメリカ英語とイギリス英語に違いがある、他にもよく使われる言葉をもう少し取り上げてみましょう。まず「秋」。この言葉は「Autumn In New York（ニューヨークの秋）」という曲にあるように、「秋」は“autumn”です。じつは、これは一般的にイギリス英語で、アメリカではよく使われる「“Fallen Leaves（落ち葉）”の季節」という言い方に代表されるように、「秋」自体も“fall”と表現するのが一般的です。

日本語の「アパート」は、英語の“apartment”を半分に切った言葉ですが、これは主にアメリカで使われ、イギリスでは“flat”と言います。

日本では「映画館」の名前に「〇〇シネマ」という名前がついていることがありますが、“cinema”は主にイギリスで使われます。アメリカでも「映画館」のことを“cinema”と言っても通じますが、“movie theater”と言うことのほうが多いです。それでは、「映画」はどうでしょう。アメリカでは“movie”ですが、イギリスでは“film”です。

「ガソリンスタンド」は、アメリカでは“gas station”と言い、イギリスでは“petrol station”と言います。

「地下鉄」の表示は、アメリカでは“subway”、イギリスでは“the underground”または“tube”と書いてあります。

このように基本的な言葉でもアメリカとイギリスには差があります。あまり厳格に区別することはありませんが、どれも基本的な言葉で、よく使われる単語ばかりですので、両方の言い方を知っておきましょう。

第14日目

職探し、業務、契約

今回は、職場で役に立つビジネス英語の基礎を学習していきましょう。
取り上げているトピックは、就職・転職、待遇、日常業務、契約です。具体的には、仕事の募集内容の話題や、社内での昇進・転勤の話。また、日常業務の中でのコピー取りや製品の送付、そして契約や取引の話題などさまざまな場面を体験できます。
これらを通して、ビジネス英語に重要なボキャブラリーをマスターします。
まずは、ストーリーを通して、ビジネス英語の基礎を「笠原メソッド」で高速INPUTしていきましょう。

●就職、転職・Job hunting

SKIT 1 仕事に応募しました
I applied for a job in a bank.

Richard I heard 私は聞きました you're looking for あなたが探していると a new job. 新しい仕事を ／

Ian Yes, はい I am. 私は探しています ／ I actually applied for 私は実は応募しました a job 仕事に in a bank. 銀行の ／ But, でも I haven't told 私は言っていません my company, 私の会社に so それで I'd like 私は望みます you あなたが to keep 保つことを it それを between us. 私達の間だけに ／

Richard Japan no longer has 日本はもはや持っていません lifetime employment, 終身雇用を so それで you don't have to worry あなたは気にすることないよ so much そんなに about changing jobs. 転職については ／

Ian But でも this society still expects この社会はいまだに期待しているよ us 私達に to give 与えることを our loyalty 私達の忠誠心を to our employers. 私達の雇い主への ／

Richard　You mean, あなたは意味しているのかい "Employees should be loyal 従業員は忠実でなくてはならない to their employers"? 彼らの雇用主に対して ／ That's actually still それは実はいまだにあります in existence. 存在して ／ By the way, ところで when ときに you apply for あなたが応募する a job, 仕事に do you usually check あなたはふだんチェックしていますか？ working conditions 就労条件を such as たとえば working hours, 就業時間 monthly salary, 月給 starting salary, 初任給 pay raise, 昇給 days off, 週休 paid leave, 有給休暇 sick leave, 疾病休暇 stipends 手当て and so on? などを ／

SKIT 2 就職したんだね You got a job.

Richard　So, それで you finally got あなたはとうとう得ましたね a job 仕事を and そして are now employed 今雇用されていますね？ in a bank? 銀行に ／

Ian　Yes. はい ／ But, でも I'm 私はいます still いまだに in my probationary period. 私の試用期間中に ／

●待遇・Condition

SKIT 3 給料がいいらしいね
Your company pays well.

Richard　How's どうですか？ your new job? あなたの新しい仕事は ／ I heard 私は聞きました that 次のことを your company pays あなたの会社は給料を払うと well. よく ／ Is that true? それって本当？ ／

Ian　I'm not sure, わからないなあ because なぜなら I've just started 私はちょうど始めたばっかりなんだ working 働くことを there. そこで ／ But, でも my contract says 私の契約書は言っています it's good. それはいいと ／ How about you? あなたはどうだい？ ／ Is your salary good? あなたの給料はいい？ ／

Richard　I don't think 私は思わない so. そうは ／ I'm paid 私は払われている only three thousand dollars 3,000ドルだけ a month, 1カ月当たり including stipends. 手当てを含めて ／

Ian　But でも you're あなたはいます in sales, セールスに so それで you are supposed to get あなたは得るはずです incentive wages, 能率給を aren't you? そうじゃないかな？ ／

SKIT 4 休暇を申請しました
I requested a three day leave from my boss.

Day 14 4

SKIT 4-A

Emily I requested 私はリクエストしました a three day leave 3日間の休暇を from my boss. 私の上司に ／ But, でも he refused. 彼は拒否しました ／

Sandra I'm sorry お気の毒です to hear that. それを聞いて ／ You should ask あなたは頼むべきよ him 彼に for it それについて again. もう一度 ／ You have to attend あなたは出席しなければならないのだから your friend's wedding あなたの友人の結婚式に in Nagano, 長野の don't you? そうじゃない？ ／

SKIT 4-B

Sandra You know, あのね I'm going to take 私は取るつもりです maternity leave 産休を starting next month, 来月から始めて so それで I'd like 私は望みます you あなたに to take over 引き継ぐことを my work 私の仕事を until I come back 私が戻るまで next year. 来年 ／

Beth All right. 了解 ／ I'll substitute 私は代理をするんだね for you. あなたの ／ So, then, それで、それじゃ I'll have to ask 私は頼まなければならないわ my boss 私の上司に to reduce 減らすことを my workload. 私の仕事量を ／ Otherwise, さもないと I won't be able to do できないわ it. それが ／

SKIT 5 昇進するのですね
You are going to be promoted.

Colleen　Congratulations! おめでとう ／ You are going to be promoted あなたは昇進します to manager. マネージャーに ／ Did you see あなたは見ましたか？ the bulletin board 掲示板を in the hallway? ろうかの ／ You'll be あなたはなります a manager マネージャーに next month, 来月 and そして you'll get あなたは得るでしょう a pay raise. 昇給を ／

SKIT 6 転勤ですね
You'll be transferred.

Michael　You'll be transferred あなたは転勤させられます to the Singapore branch シンガポール支店に next month. 来月 ／

Colleen　I'm very glad 私はとても嬉しいです to hear 聞いて that. それを ／ That's what それはことです I wanted. 私が望んでいた ／

SKIT 7 彼はクビになった
He was fired.

Richard　Did you hear あなたは聞いていましたか？ that 次のことを Thomas was fired トーマスがクビになったよ for causing もたらしたために a huge loss 巨額の損失を to his company, 彼の会社に and そして two hundred people were laid off 200 人が解雇されたんだよ because なぜなら his company closed down 彼の会社が閉鎖したから three factories 3つの工場を in Michigan? ミシガンで ／

Michael　Oh, ええ really? 本当に？ ／ I also heard 私はまた聞きました that 次のことを the investment firm 投資会社は we've been dealing with 私達が取引している has gone bankrupt. 倒産したと ／

●日常業務・Routine work

SKIT 8　コピーを取ってくれない？ Will you photocopy this document?

Michael　Will you photocopy コピーを取ってくれない？ this document この文書を and そして fax ファックスしてくれない？ it それを to the shipping department? 出荷部に／

Colleen　Do you have あなたは持っていますか？ their fax number? 彼らのファックス番号を ／

SKIT 9　その製品を送りました I shipped the products.

Colleen　I shipped 私は送りました the products その製品を to Chicago. シカゴに ／

Michael　Did you enclose あなたは同封した？ the invoice その請求書を as well? もまた ／

SKIT 10 契約が取れました We signed a contract.

Richard How was どうだった？ the business meeting そのビジネス会議は with the client? クライアントとの ／

Michael It went それは行きました pretty well. そこそこよく ／ We signed 私達はサインしました a contract 契約書に yesterday, 昨日 and そして it was a good deal. それはいい取引でした ／

Richard Do you mean あなたは意味していますか？ that ことを we'll make 私達が作ると a big profit 大きな利益を on the deal? その取引で ／

Vocabulary & Structure Building
重要ボキャブラリー＆重要構文

●就職、転職・Job hunting

SKIT 1

A look for a job　仕事を探す

B apply for　申し込む／応募する

C keep it between us　秘密を守る

D lifetime employment　終身雇用

日本の雇用についての話をするときは「終身雇用」の“lifetime employment”と同時に「年功序列」を表す“seniority system”も覚えておくといいでしょう。

E changing jobs　転職

F society　社会

G loyalty　忠誠心

H employer　雇い主

I employee　従業員

J actually　実は

K in existence　存在して

L by the way　ところで

M working condition(s)　就労条件

N such as ～　たとえば～のような

「たとえば～のような」には“such as”という表現がありますが、そのほかにも「たとえば～」と伝えたいときは“for example”や“for instance”といった表現があります。

O working hours　就業時間

P monthly salary　月給

Q **starting salary**　初任給

R **pay raise**　昇給

"pay raise"はAmerican English（米語）です。British English（英語）では"pay rise"です。

S **days off**　週休

T **paid leave**　有給休暇

U **sick leave**　疾病休暇

V **stipend**　手当て

「給料」すなわち「月給制」で毎月の給与が、ほぼ同じように支払われるものを"salary"と言います。「賃金」すなわち「時給制」や「日給制」の場合は、"wage(s)"となります。

SKIT 2

A **finally**　とうとう

B **get a job**　仕事を得る

C **be employed**　雇われている

D **probationary period**　試用期間

●待遇・Condition

SKIT 3

A **pay**　支払う

B **contract**　契約／契約書

C **be paid**　支給されている

「支給されている」という場合、"make"もよく使われます。

D **incentive wages**　能率給

SKIT 4-A

A request　申請する／リクエストする

B a three day leave　3 連休の休暇

C refuse　拒否する

D I'm sorry to hear that.　それを聞いてお気の毒です

E attend　出席する

F my friend's wedding　私の友人の結婚式

SKIT 4-B

A take　（休暇を）取る

B maternity leave　産休

「産休を取る」は“take maternity leave”、または“go on maternity leave”です。

C take over　引き継ぐ

D substitute　代理をする

E reduce　減らす

F workload　仕事量

SKIT 5

A be promoted　昇進する

B manager　マネージャー／部長

C bulletin board　掲示板

D hallway　ろうか（廊下）

E pay raise　昇給

“pay raise”は米語です。British English（英語）では“pay rise”です。

SKIT 6

A be transferred　転勤になる

SKIT 7

A be fired　解雇される

B huge　巨大な

C loss　損失

D be laid off　人員整理される

E close down　（支店、工場を）閉鎖する

F factory　工場

G investment　投資

H investment firm　投資会社

I deal with ～　～と取引する

J go bankrupt　倒産する

●日常業務・Routine work

SKIT 8

A (photo)copy　コピーを取る

「コピーを取る」は、"make a (photo)copy"や"Xerox"もよく使われます。

SKIT 9

A ship　送る

B product　製品

C enclose　同封する

D invoice　請求書

●契約・Contract

SKIT 10

A client：取引先／クライアント

B sign a contract　契約書にサインする

C deal　取引

D profit　利益

Speaking Lesson
4ステップ・スピーキング

● 就職、転職・Job hunting

Day 14 12

A 実は、私、銀行の仕事に応募しました。

I actually applied for a job in a bank.

私は実は応募しました ➡ I actually applied for

仕事に ➡ a job

銀行の ➡ in a bank. ／

B ところで、君は、仕事に応募する際、就労時間や給与、初任給、昇給、週休、有給休暇、疾病休暇、諸手当などのような就労条件を、ふだんチェックしていますか？

Day 14 13

By the way, when you apply for a job, do you usually check working conditions such as working hours, monthly salary, starting salary, pay raise, days off, paid leave, sick leave, stipends and so on?

ところで ➡ By the way,

ときに ➡ when

あなたが応募する ➡ you apply for

仕事に ➡ a job,

あなたはふだんチェックしていますか？ ➡ do you usually check

就労条件を ➡ working conditions

たとえば ➡ such as

就業時間、月給、初任給、昇給、週休、有給休暇、疾病休暇、手当てなどを
➡ working hours, monthly salary, starting salary, pay raise, days off, paid leave, sick leave, stipends and so on? ／

● 待遇・Condition ……………………………… Day 14 14

A 私はこの会社に、1 年契約で働いています。

I have a one year contract with this company.

私は持っています ⇒ I have

1 年契約を ⇒ a one year contract

この会社と ⇒ with this company. ／

B 私の会社には、能率給があります。

My company pays me incentive wages.

私の会社は払います ⇒ My company pays

私に ⇒ me

能率給を ⇒ incentive wages. ／

C 私は、上司に 3 日間の休暇を申し出ました。

I requested a three day leave from my boss.

私はリクエストしました ⇒ I requested

3 日間の休暇を ⇒ a three day leave

私の上司に ⇒ from my boss. ／

D 私は、来月から産休を取るつもりです。

I'm going to take maternity leave starting next month.

私は取るつもりです ⇒ I'm going to take

産休を ⇒ maternity leave

来月から始めて ⇒ starting next month. ／

E 私があなたの代理をするのですね。

I'm going to substitute for you.

私は代理をするのですね ➡ I'm going to substitute

あなたの ➡ for you. ／

F 私は仕事を減らしてもらうように、上司に頼んでみるつもりです。

I'll ask my boss to reduce my workload.

私は頼むつもりです ➡ I'll ask

私の上司に ➡ my boss

減らすことを ➡ to reduce

私の仕事量を ➡ my workload. ／

G あなたは昇進して、マネージャーになります。

You are going to be promoted to manager.

あなたは昇進します ➡ You are going to be promoted

マネージャーに ➡ to manager. ／

H あなたは、ろうかの掲示板を見ましたか？

Did you see the bulletin board in the hallway?

あなたは見ましたか？ ➡ Did you see

掲示板を ➡ the bulletin board

ろうかの ➡ in the hallway? ／

I あなたは来月、昇給します。

You'll get a pay raise next month.

あなたは得るでしょう ➡ You'll get

昇給を ➡ a pay raise

来月 ➡ next month. ／

● 日常業務・Routine work ………………………… Day 14 23

A この文書のコピーを取ってから、それを出荷部にファックスしてくれませんか？

Will you photocopy this document and fax it to the shipping department?

コピーを取ってくれない？ ➡ Will you photocopy

この文書を ➡ this document

そして ➡ and

ファックスしてくれない？ ➡ fax

それを ➡ it

出荷部に ➡ to the shipping department? ／

B 私はシカゴにその製品を送りました。

I shipped the products to Chicago.

私は送りました ➡ I shipped

その製品を ➡ the products

シカゴに ➡ to Chicago. ／

C 請求書は同封しましたか？

Did you enclose the invoice?

あなたは同封した？ ➡ Did you enclose

その請求書を ➡ the invoice? ／

Check this out!

身につければ日常会話は完ぺき！

ボキャブラリー＆構文⑭

　ページの左側に英語を、右側に日本語を載せていますので、どちらかを隠して覚えているか確認していきましょう。
　わからなかったものには、左側の□マークにチェック（✓）を入れます。これをわからないボキャブラリーや構文がなくなるまで行いましょう。

□ look for a job	□ 仕事を探す
□ apply for	□ 申し込む／応募する
□ keep it between us	□ 秘密を守る
□ lifetime employment	□ 終身雇用
□ changing jobs	□ 転職
□ society	□ 社会
□ loyalty	□ 忠誠心
□ employer	□ 雇い主
□ employee	□ 従業員
□ actually	□ 実は
□ in existence	□ 存在して
□ by the way	□ ところで
□ working condition(s)	□ 就労条件
□ such as ～	□ たとえば～のような
□ working hours	□ 就業時間
□ monthly salary	□ 月給
□ starting salary	□ 初任給
□ pay raise	□ 昇給
□ days off	□ 週休
□ paid leave	□ 有給休暇
□ sick leave	□ 疾病休暇
□ stipend	□ 手当て
□ finally	□ とうとう
□ get a job	□ 仕事を得る
□ be employed	□ 雇われている
□ probationary period	□ 試用期間
□ pay	□ 支払う
□ contract	□ 契約／契約書
□ be paid	□ 支給されている

□ incentive wages	□ 能率給
□ request	□ 申請する／リクエストする
□ a three day leave	□ 3連休の休暇
□ refuse	□ 拒否する
□ I'm sorry to hear that.	□ それを聞いてお気の毒です
□ attend	□ 出席する
□ my friend's wedding	□ 私の友人の結婚式
□ take	□ （休暇を）取る
□ maternity leave	□ 産休
□ take over	□ 引き継ぐ
□ substitute	□ 代理をする
□ reduce	□ 減らす
□ workload	□ 仕事量
□ be promoted	□ 昇進する
□ manager	□ マネージャー／部長
□ bulletin board	□ 掲示板
□ hallway	□ ろうか（廊下）
□ pay raise	□ 昇給
□ be transferred	□ 転勤になる
□ be fired	□ 解雇される
□ huge	□ 巨大な
□ loss	□ 損失
□ be laid off	□ 人員整理される
□ close down	□ （支店、工場を）閉鎖する
□ factory	□ 工場
□ investment	□ 投資
□ investment firm	□ 投資会社
□ deal with ～	□ ～と取引する
□ go bankrupt	□ 倒産する
□ (photo)copy	□ コピーを取る
□ ship	□ 送る
□ product	□ 製品
□ enclose	□ 同封する
□ invoice	□ 請求書
□ client	□ 取引先／クライアント
□ sign a contract	□ 契約書にサインする
□ deal	□ 取引
□ profit	□ 利益

CDを聞くだけで、英会話ができるようになる！

新星出版社の「英語高速メソッド®」シリーズ

英語高速メソッド®
高速CDを聞くだけで身につくトラベル英会話

CD 1枚付

入門者向け

CDを聞くだけで旅先でも英語が話せる一冊。
「ホテル」でのやり取りをはじめ、「交通」「道案内」「入国審査」「両替」「ショッピング」「トラブル」など、旅先のシチュエーションごとに役立つ英会話が、CD1枚にまとめられています。この本は「これから旅行の予定があるけど会話が不安……」と考える方に最適です。

英語高速メソッド®
高速CDを聞くだけで身につく必須英語フレーズ

CD 1枚付

入門者向け

使えるフレーズを集めた一冊。
「あいさつ」をはじめ、「お願いする」「提案する」「気持ち・声かけ」など、日常会話で使われる、大切な英語のフレーズが、CD1枚にまとめられています。
この本は「英語をこれから勉強したいけど、手軽にはじめたい」「英語を話すきっかけから勉強したい」と考える方にピッタリです。

英語高速メソッド®
高速CDを聞くだけで英語が話せる本

CD 1枚付

入門者向け

CDを聞くだけで英語が話せる一冊。
「レストラン」をはじめ、「買い物」「おしゃれ」「天気」「趣味、気晴らし」「付き合い」「料理、食事の時間」「掃除、洗濯」「道案内」など、日常生活の場面ごとに、よく使われる英会話が、CD1枚にまとめられています。
この本は「英語を話したいけれど、しっかり勉強するのはちょっと大変……」と考える方にピッタリです。

英語高速メソッド®
旅行英会話集

入門者向け

「旅行英会話」に特化した一冊。
「入国審査」をはじめ、「両替」「ホテル」「レストラン」「ショッピング」「交通・道案内」など、海外旅行をするときに、よく使われる会話が、CD3枚にふんだんに収められています。また、体調を崩す、物をなくすのような「トラブル」に遭ってしまったときの表現も覚えられます。そのため、海外旅行中も、自信を持って1人で行動できます。

英語高速メソッド®
今すぐ話せるフレーズ集

CD 2枚付

入門者向け

「英会話でよく使われる"フレーズ"」だけを厳選した一冊。
一文が短い"フレーズ"中心だから、脳の中にも染み込みやすいため、すぐに話せるようになります。
〈お願い〉するときの基本である"please"や"May I"、"Could you"をはじめ、〈提案〉や〈アドバイス〉を表現する"Why don't we"や"You should"など、実際に会話するときに必要な"フレーズ"が満載です。

英語高速メソッド®
10分間英会話トレーニング

CD 3枚付

入門者～初級者向け

英語
ネイティヴの脳&耳になる
KASAHARA'S QUICK ENGLISH
高速メソッド®
10分間英会話
トレーニング
笠原 禎一
1日10分、CDを聴くだけで
以下の場面の英会話力がマスターできます!

CDを「1日10分」聴くだけで英会話が身につく本。
全編を約10分×21日間（3週間）に区切っているため、めんどくさがり屋の方でも、無理なく続けられます。
1週目は「海外旅行」、2週目は「人付き合い」、3週目は「日常生活」と、頻繁に使われる構文やボキャブラリーをギュッと詰め込んでいます。短時間でこれらの場面での英会話力を身につけたい"欲張りな方"にお勧めの一冊です。

英語高速メソッド®

日常英会話集 Vol.1

CD 3枚付

日本にいながらにして、英語を使った海外生活が体験できる本。日本に転勤になった外国人一家のさまざまな体験は、「場面」ごとに映像イメージが頭に浮かぶので、英語があなたの脳や耳に染み込みます。

Vol.1（1週目）では、「起床時」や「帰宅後」「ビジネス」「電話」「レストラン」「買い物」「郵便局」「家計」「掃除」などのシチュエーションでの英会話を、楽しく体験することができます。

※本書は、この「Vol.1」と下記「Vol.2」を再編集したものです。

英語高速メソッド®

日常英会話集 Vol.2

CD 3枚付

入門者～初級者向け

Vol.1同様、日本に転勤になった外国人一家の日々の暮らしを疑似体験できる本。この疑似体験によって、ビジュアルが頭の中に浮かぶため、強烈な印象が残ります。それが、ネイティヴの脳と耳を作ります。

Vol.2（2週目）では、「パーティー」「おしゃれ」「街・道案内」「天気」などのシチュエーションから、「職探し」「業務」「契約」といったビジネスで必要とされる英会話力も身につきます。

※本書は、この「Vol.2」と上記「Vol.1」を再編集したものです。

英語高速メソッド®

やり直し英会話集

CD 3枚付

初級者向け

中学英語の中から、英会話に必要なものだけを絞り込んだ一冊。懐かしい“中学英語”を復習しながら学ぶため、きっちりとした英会話力を身につけられます。

「一から順に学びたい」と考えている“じっくり派”の方にピッタリの本です。

「be動詞」から始まり、「形容詞」「前置詞」「助動詞」「時制」「可算名詞・不可算名詞」など、中学英語をおさらいしながら英会話力を身につけることができます。

CD 2枚付

英語高速メソッド®

初級者～中級者向け

「高速メソッド®」シリーズの最初の一冊。「起床、仕事、就寝といった日々の生活」や「彼女からのレター」「新たに配属される上司の噂話」などの“長文”がふんだんに含まれているため、英会話力の中で、とくにリスニング力を身につけられます。

また、TOEIC®やTOEFL®、英検などの資格試験で結果を出すにも長文読解力は必須。TOEIC®に出題される基本ボキャブラリーもほぼ網羅していますから、これらの 試験の受験を考えている方にも最適。

CD 3枚付

英語高速メソッド®
ビジネス英会話集

中級者向け

「これだけは覚えておきたい」ビジネス英語が入った一冊。外国人と仕事をする現場で、最低限必要とされる、構文やボキャブラリーを厳選しています。

「ビジネス電話」や「社内コミュニケーション」といった基本的なビジネス英会話をはじめ、「ビジネスニュースについての意見交換」「展示会のアイデア出し」「株主総会の準備」など、場面ごとに体験できます。

CD 4枚付

英語高速メソッド®
パーフェクト英会話集

中級者向け

長文の英会話とニュース英語によって、実力を飛躍的にレベルアップさせる本。

「旅行英会話くらいなら、なんとかなる」という人をはじめ、「ビジネス英語で困らないようになりたい」「資格試験の突破したい」といった人に合う一冊です。このような、ある程度、英語ができる方々が、はっきりと「英語が得意」と言えるようになるため、重要なボキャブラリーや構文をふんだんに取り入れたニュース英語も満載しています。

■著者紹介

笠原禎一（かさはら・よしかず）MBA（経営学修士）／MA in ELT（英語教授法修士）

Profile of Yoshikazu Kasahara, MBA / MA in ELT

公式ホームページ https://bart-jp.com

國學院大學文学部卒業。ハートフォードシャー大学大学院修了、MBA（経営学修士号）を取得。サウサンプトン大学大学院修了、MA in ELT（英語教授法修士号）を取得。日本英語学会 会員。英語版ディレクター。株式会社バート、および、英語高速メソッドアカデミーを主催。スーパーサイエンスセミナーなど数々の講演会で講演を行う。サザン・カレッジ・オブ・ビジネス客員教授、東京工業専門学校（現第一工業大学）講師、ハワイ・パシフィック大学 REP.、クイーンズランド工科大学 REP. を歴任する。

著作は、本書のほか、『620点突破 今日からはじめる TOEIC®TEST』『英語高速メソッド®』『英語高速メソッド® 日常英会話集 Vol.1』『英語高速メソッド® 日常英会話集 Vol.2』『英語高速メソッド® ビジネス英会話集』『英語高速メソッド® やり直し英会話集』『英語高速メソッド®10分間英会話トレーニング』『英語高速メソッド® パーフェクト英会話集』『英語高速メソッド® 旅行英会話集』『英語高速メソッド® 高速 CD を聞くだけで英語が話せる本』『英語高速メソッド® 高速 CD を聞くだけで身につく必須英語フレーズ』『英語高速メソッド® 高速 CD を聞くだけで身につくトラベル英会話』（以上、新星出版社）、『英会話高速メソッド®』『TOEIC® テスト高速メソッド® リスニング』『TOEIC® テスト高速メソッド® リーディング』『英会話高速メソッド® 外国人と語り合える英会話』『英単語1300高速メソッド®』『ゼロからはじめる英会話高速メソッド®』『イラスト速習法 TOEIC® L & R テスト出る順英単語』『英会話高速メソッド® CD の質問に答えるだけで英語が話せるようになる本』（以上、宝島社）、『高速メソッド® 英語勉強法』『高速メソッド® で英語がどんどん話せる本』（以上、三笠書房）、『自分のことをどんどん話す英会話高速メソッド®』（中経出版）、『基本の英会話高速メソッド®』（アスコム）、『英語高速傳奇（中国語版）』（凱信出版事業有限公司）、『困ったときの英会話 CD シリーズ』（キングレコード）、"Mainichi Weekly" の連載記事 "TOEIC® MAGIC"（毎日新聞社）がある。

本書の「笠原メソッド」は、日本で特許取得（第4831792号）、韓国で特許取得（第10-1180287号）、オーストラリアで特許取得（Pat.#2003200507）されています。また、「高速メソッド®」（第5132913号）は、日本の特許庁より商標登録を取得しています。

本書は、弊社刊の『英語高速メソッド® 日常英会話集Vol.1』『英語高速メソッド® 日常英会話集Vol.2』を再編集したものです。

英語高速メソッド® 日常英会話スピードマスター

2020年7月25日　初版発行

著　者　笠原禎一
発行者　富永靖弘
印刷所　今家印刷株式会社

発行所　東京都台東区台東2丁目24　株式会社　新星出版社
〒110-0016　☎03(3831)0743

ISBN978-4-405-01252-3